에로 그로 넌센스

근대적 자극의 탄생

차례
Contents

03에로 그로 넌센스의 근대성 혹은 탈근대성 23대중매체의 확산
과 축제의 또 다른 부활 36자극광 시대의 에로 천국, 카페 49에
로 그로를 해체하는 넌센스의 웃음 65이상과 채만식의 문학 속
에로 그로 넌센스

에로 그로 넌센스의 근대성 혹은 탈근대성

　밤 열 시경, 서울 주교정에 사는 최홍남이란 남자가 주교보통학교 뒤를 지나고 있었다. 어디선가 나이 오십쯤 되어 보이는 노파가 나타나서는, 술이 취해 집에 갈 수 없으니 자기를 바래다 달라고 졸랐다. 노파를 딱하게 여긴 최씨는 노파의 집까지 동행하기로 하였다. 그런데 집으로 가는 도중 갑자기 노파가 최씨에게 달려들더니 별별 추한 짓을 다하는 것이 아닌가. 엉겁결에 성추행을 당한 최씨는 노파를 파출소에 고발했고, 노파는 유치장 신세를 져야 했다. 그 노파는 남편과 사별한 이후, 젊은 남자를 짝사랑해왔다고 한다.

　뱀 고기를 즐겨 먹고 뱀을 떡 주무르듯 가지고 노는 일본인 둘이 서울에 살고 있었다. 어느 날 두 사람은 진고개의 카페에

3

들렀다. 전부터 다니던 손님이라 여급들이 농담을 던지며 두 사람을 반갑게 맞았다. 자리를 잡고 앉은 두 사람은 여급을 한 명씩 끼고 술을 마셨다. 그런데 한창 분위기가 달아오를 무렵 두 사람이 서로를 바라보며 싱긋 웃더니, 소매 속에서 커다란 뱀을 꺼내 식탁 위에 올려놓는 것이 아닌가. 뱀을 보고 놀란 여급은 비명을 지르며 까무러쳤고, 술병과 술잔이 엎어지고 깨지는 소리로 카페 안은 금세 난장판이 되었다. 두 사람은 그 광경을 지켜보며 만족스러운 듯이 웃고는 뱀을 도로 집어넣고 유유히 사라졌다. 두 사람은 같은 짓을 여러 군데서 되풀이하다 일주일 동안 유치장 신세를 졌다.

경성에 사는 김분이(20)란 여자는 3년 전에 이모씨와 결혼해서 단란한 가정을 꾸리고 있었다. 그런데 최근 마음이 변해 자기 집 아랫방에 세 들어 사는 원모라는 남자와 사랑하는 사이가 되었다. 그날도 둘은 집 뜰에서 포옹한 채 키스를 하고 있었는데, 불행하게도 이 광경을 시어머니가 목격하고 말았다. 불같이 화가 난 시어머니는 며느리에게 한바탕 욕설을 퍼부었고, 무안을 당한 김씨는 자기 방으로 들어가 식칼로 목을 찔러 자살했다.

가판대에서 파는 도색잡지에나 실려 있을 법한 세 이야기들은 모두 1930년대에 있었던 실화이다. 『별건곤』이란 잡지에 실려 있는 내용들인데, 첫 번째 이야기에는 '에로 백퍼센트의 애욕극', 두 번째 이야기에는 '카페의 초특(超特) 그로', 세 번째 이야기에는 '웃지 못할 넌센스'라는 설명이 붙어 있다.

'취미와 실익 잡지'를 표방했던 『별건곤』은 당시에 가장 널리 읽히던 잡지였는데, 거의 매 호마다 위와 같은 내용이 흥밋거리로 실렸다. 외국의 에로틱하고 그로테스크한 풍습이나 사건들이 소개되었고, 조선에서 일어난 흥미로운 사건들이나 우스운 이야기들이 빠지지 않고 실렸다. 독자들이 '에로 그로 넌센스'가 담긴 것들을 원했기 때문이다. 그래서인지 요즘 시각으로 보면 저질 시비에 휘말릴 법한 내용을 담고 있으면서도, 당시 잡지사는 독자를 위해서 그러한 내용을 담는다고 강변하기도 했다. 『별건곤』 편집후기를 보면, '에로 그로 넌센스'가 가득한 기사들로 일시적 위안을 얻길 바라며 앞으로도 그러한 것들에 대한 취미를 잊지 않고 지켜가겠다는 다짐이 실려 있다. 『별건곤』뿐만 아니라 다른 잡지들도 대개 사정은 마찬가지였다. 1931년 『동광』에 실린 한 소설에는 에로에 탐닉하는 세태에 영합하려는 어느 잡지사 편집회의 풍경이 담겨 있다.

A : 에로가 빠져서는 안 될 터인데…….

B : 그럼요, 이번 『XX』를 봐요. 그렇게 크게 취급한 '재만 동포문제'니 '신간회 해소문제'니 하는 것은 성명이 없어도 '침실박람회'는 간 데마다 야단들입니다.

C : 참 『XX』 이번 호는 그 제목 하나로 천 부는 더 팔았을 걸……. 그렇지만 너무 노골적이다.

D : 그래도 글쎄 그렇게 안 하곤 안 돼요. 잡지란 무엇으로든지 여러 사람 화두에 오르내릴 기사가 있어야 그거 어느

잡지에서 보았느냐 어쨌느냐 하고 그 책을 찾게 되지…….

E : 사실이야. 아무래도 번쩍 띄는 큰 '에로' 제목이 하나 있어야 돼. 더구나 봄인데.

이것은 M 잡지사의 편집회의였다. 그네들은 이와 같이 '에로'에 치중하자는 데 의견이 일치하였다. 그래서 한편 구석에서 약간 얼굴이 붉어진 여기자만이 입을 다물고 앉았을 뿐이요, 그 외에는 저마다 우쭐대고 다투어가며 '에로'짜리 제목을 주워섬겼다. 그러나 이번에도 결국 예정 목차에 오른 것은 역시 눈을 딱 감고 남의 말은 못 들은 체하고 앉아 있다가 제일 나중에 자신 있게 내어놓은 편집국장의 것이 되고 말았으니, 그것은 '신춘에로백경집(新春好色百景集),' 그들의 용어를 빌어 말한다면 과연 '센세이션 백퍼센트'짜리 제목이었다.

이 소설의 주인공 K는 편집국장의 지시에 따라 '에로백경'을 찾아 거리로 나선다. 붓은 칼이며, 민중을 위해 그 칼을 사용하겠다는 각오로 잡지사에 입사했던 K는 잡지사 현실에 적지 않은 실망과 분노를 느끼지 않을 수 없었다. 그러나 그는 곧 마음을 고쳐먹고 크게 센세이션을 일으킬 기발한 '에로'를 붙들어서, 제각기 우월감으로 가득 찬 편집실 안에서 자신의 입지를 구축해야겠다는 직업적 야심에 불타 유곽으로 향한다.

요즘 어느 잡지사에서 볼 수 있는 풍경도 이와 크게 다르지 않으리라 생각한다. 독자들의 흥미를 자극해서 판매 부수를

에로잡지처치난(『매일신보』, 1934년 3월 5일).

1.요놈이 뭘 저렇게 정신없이 들여다볼까?/ 2.요런 놈 봐, 응./ 3.레뷰/ 4.이건 어린애 볼 게 아냐. 나가 놀아./ 5.어쩌자고 이런 것을 들여다보누./ 6.사진으로 보아도 이런대야 실물이라면…/ 7.이 양반이 뭣에 홀렸게 모자도 외투도 안 벗고 골몰인가/ 8.여보, 좀 낫살이나 들었거든 정신을 차려요. 나가서도 이 모양이겠구려. 집에 들거든 애나 좀 봐주고 그리지 봐 주기커녕 도려 울녀노니.—어쨌다고 이류. 책 좀 보기로.

올리려는 수법뿐만 아니라 독자들의 흥미라는 것 또한 1930년대와 요즘이 크게 다르지 않다. 인터넷으로 떼돈을 번 것은 포르노 업자들뿐이라는 말이 들릴 정도로 향락산업은 여전히 번창하고 있다. 몇 해 전에는 '엽기' 코드가 선풍적으로 유행했었고, 이즈음엔 각 방송사의 개그 프로그램들이 드라마 이상으로 시청률을 높이고 있다. '에로 그로 넌센스'에 대한 사람들의 관심은 여전히 식을 줄 모른다.

1930년대는 '에로 그로 넌센스'에 대한 욕망이 본격적으로 분출되기 시작한 시기였다. 당시는 여러 이념의 대립과 급변하는 국제정세로 정치적으로 혼란스러운 시기였고, 1929년 대공황 이후 경제적으로도 불황기였다. 그러나 사람들은 정치·

경제적 사안들보다 '침실박람회'와 같은 에로틱한 풍경에 더 관심을 보였다. 정치와 경제를 논하는 일부 지식인들은 '에로 그로 넌센스'에 탐닉하는 세태를 경멸했지만, 대다수 사람들은 '에로 그로 넌센스'라는 감각적 쾌락에 심취해 있었다.

당시 유행의 첨단을 좇아가던 모던 보이들에게 '에로 그로 넌센스'는 '모던'의 본질로 인식되었고, 그것을 향유할 수 있어야만 모던 보이로 행세할 수 있었다. 그뿐만 아니라 모던 보이만큼 최신 유행을 따라가지 못하는 도시 거주자들에게도 '에로 그로 넌센스'는 물리칠 수 없는 유혹이었다. 잡지사에는 그러한 내용들을 더 넣어달라는 독자투고가 이어졌다. 이에 따라 잡지사뿐만 아니라 예술가들도 '에로 그로 넌센스'의 자극이 담긴 작품들을 만들어내기 시작한다. 독자의 흥미를 자극하기 위한 것이기도 했지만, 예술가 자신이 먼저 그러한 자극들에 민감하게 반응하고 있었기 때문이다.

물론 예술가들의 그와 같은 추세에 대한 비판이 없었던 것은 아니다. 이광수는 1931년 『동광』에 실린 문예평론에서 예술가의 주된 관심이 독자의 환심을 사려는 데에만 쏠려 있는

엽기문사의 신직업
(『별건곤』, 1927년 2월호).
(1)기생잡지에 네 이름으로 원고 하나 써 줄께. 너…키스 하나 주렴….
(2)벌써 C선생이 하나 써 주기로 약속해 놓았다네.

세태를 비판했다. 문단에서도 '에로 그로'가 풍미하고 있는데, 이는 일반민중의 도덕적 이상이 퇴폐해서 인생의 의무나 사업과 같은 가치들을 버리고 오직 성욕과 호기심만 따르게 되어 생긴 결과라는 것이다. 그는 예술이 카페 여급의 음담패설과 다를 바 없는 지경이 되었다고 암울하게 진단하고 있다. 백철 또한 1933년 『동광』에 발표한 평론에서 신성한 문학이 에로성, 그로성, 넌센스성, 탐정취미성의 통속문학으로 타락했다고 비판했다.

이렇듯 비난과 동경이 엇갈리고는 있었지만, '에로 그로 넌센스'는 당시 모든 문화적 현상들의 배후에 자리 잡고 있는 욕망을 압축한 말이었다. 그래서 문학과 예술을 비롯해 1930년대의 문화를 이해하기 위해서는 당대에 널리 회자되었던 '에로 그로 넌센스'의 본질이 무엇이었는지 묻지 않을 수 없다. 거창한 이념과 구호가 넘치는 시기였지만, 대다수 군중들과 지식인들의 욕망을 이끌어갔던 것은 바로 '에로 그로 넌센스'라는 새로운 감각적 자극이었기 때문이다. 또 근대성의 징후들 혹은 근대적 욕망의 모습을 파악하기 위해서도 '에로 그로 넌센스'를 이해할 필요가 있다. 1930년대는 현재까지 지속되고 있는 근대의 모습이 하나둘씩 형체를 드러내기 시작했던 시기였기 때문이다.

'에로 그로 넌센스'라는 말이 유행하게 된 것은 1930년경으로 보인다. '에로'라는 말은 1920년대 초반부터 드문드문 사용되고 있었지만, 본격적으로 등장하기 시작한 것은 1930년 무렵이었다. '그로'나 '넌센스'라는 말 또한 '에로'와 더불어 등장했다. 당시 『신동아』라는 잡지에는 당대에 유행하는 새로운 용어들을 소개하는 「모던어점고」라는 난이 있었다. 여기에 소개된 '에로 그로 넌센스'의 정의는 이렇다.

에로(Eroticism) : 영어. 영어로 '에로티시즘'인데 그것을 약(略)하여 그냥 '에로'라고 부른다. 몹시 유행하는 말인데, 곧 '연애 본위' 혹은 '색정 본위'라는 뜻으로 일진(一進)하여 '음탕'하다는 뜻으로 널리 쓰인다. '현대인은 에로를 좋아한다.', '요새 잡지들은 급속히 에로화한다.' 등으로 쓸 수 있다. 형용사는 '에로틱'이다. 그러므로 'B군 그리 에로틱해서는 못써.' 하거나 '그 영화는 너무 에로틱하다.' 등으로 쓸 수 있다. (『신동아』, 1932년, 2월호)

그로테스크(Grotesque) : 영어. 기괴하다는 뜻인데, 너무 에로틱하기 그 정도를 넘친 것도 그로테스크하다고들 쓴다. 예를 들면 식인종의 댄스 같은 것을 그로테스크한 장면이라고 할 것이다. 약(略)하여 '그로'라고 쓰나니 '에로'와 '그로'가 늘 병행되는 것이 이십세기 울트라모던의 좋아하는 바이다.(『신동아』, 1933년, 1월호)

넌센스(Nonsense) : 영어. '무의미'란 뜻인데, 그냥 무의미가 아니라 엉터리가 되어서 우습다는 뜻이다. 아무 뜻도 없는 웃음거리, 어처구니없어서 우스운 것, 그럴 리가 없어서 우스운 것 등을 의미한다. 또 때로는 '소용없는 빈 소리'란 뜻으로도 통용된다. '그 활동사진은 넌센스야.' 하고 쓸 수도 있고 'A군 약혼했다지?' 할 때 '오— 넌센스.' 하고 대답할 수도 있다.(『신동아』, 1932년, 4월호)

'에로'는 다양한 말과 합성되어 사용되기도 했다. 밤 열한 시 가량을 가리키는 '에로 러시아워', 에로광경, 에로풍년, 에로획득, 에로서비스, 에로발산업, 에로미(味), 에로도시화 등의 용어를 발견할 수 있다. 당시 잡지에서는 '에로 그로 백퍼센트'라는 타이틀로 기사에 대한 호기심을 자극하는 것이 유행이었다. 『별건곤』은 '에로섹션'이라는 난을 만들어 연재하기도 했다. 당시에는 이렇게 새롭게 유행하는 용어들을 '신술어(新述語)'라고 불렀는데, '에로 그로 넌센스'의 유행은 '테로', '추(醜)로'라는 새로운 술어를 만들어 내기도 했다.

본래 '에로 그로 넌센스'는 일본에서 먼저 유행하기 시작하여 조선에 도입된 것이었다. 일본에서 '에로 그로 넌센스'라는 말이 유행하게 된 것은 1920년대 이후 산업 구조의 변화와 관련되어 있다. 3차 산업이 확대되고 대중사회가 도래하면서 자유의지에 기초해 평등한 계약관계가 확산되고, 유곽과 같은 성매매 산업 외의 여성 노동에도 '성적 매력'에 의한 서비스라는 새로운 요소가 부가되기 시작했다.

1920년대 도시의 신문화를 상징하는 것 중의 하나로 백화점을 들 수 있는데, 백화점이 새로운 판매 전략을 시도하면서 여성의 성적 매력을 자극하려는 움직임이 본격화되었다. 백화점이나 큰 상점은 종래의 소수 상류계급 대신 대중을 주 소비자층으로 삼게 되었고, 이에 따라 판매 방법에도 변화가 생기게 된다. 상류계급에 비하면 덜 까다로운 소비자를 상대하게 되면서, 모든 판매원이 상품에 대한 전문지식을 습득할 필요가 없어졌다. 이에 따라 판매자를 교육하는 도제제도도 필요 없게 되었다. 오히려 전문지식은 없더라도 소비자를 유혹할 수 있는 성적 매력을 지닌 여성을 판매직에 쓰는 것이 장사에 이로웠다. 전문적 상인의 지식보다 애교를 중시하게 되면서 여점원을 선호하게 된 것이다. 그래서 많은 여성이 백화점에 취업하게 되었고, 여성의 취업이 흥밋거리로 인기를 끌면서 스테이크 걸, 원탁 걸, 키스 걸, 매니큐어 걸, 마작 걸, 마네킹 걸, 버스 걸과 같은 '초현대식' '첨단직업부인'이 많은 사람들의 호기심과 주목을 끌면서 '걸 전성기'가 도래했다.[1] 1930년 『삼천리』라는 잡지에 실려 있는 「가두(街頭)와 에로 전성」이라는 글에서는 '에로 전성시대'의 한 사례로 일본 신문에 보도된 '택시 걸' 기사를 들고 있다.

시내 모상사 회사원 B씨는 금일 시내 XX 통에서 한 대의 택시를 만났는데 운전수 옆 조수석에는 일찍이 보지 못하던 일급 양장미인이 있어 자꾸 타기를 권하므로 호기심에 이끌린 B씨는 그 여자에게 한번 수작을 걸어볼 생각으로 그저 하라는 대로 택시에 올라탔다. 그랬더니 예측과는 딴 판으로 택시가 막 움직이려 하자 그 미인 조수는 이제는 할 일을 다 하였다는 듯이 '사요나라' 소리와 함께 차에서 내려버리고 택시는 속력을 내어 그대로 진행하였다. B씨는 그때서야 비로소 헛물을 켠 줄 알았으나 그렇다고 신사의 체면으로 그대로 내릴 수도 없어 쓸데없이 돈 1원만 버리게 되었는데, 나중에 알고 보니까 그 미인은 다른 사람이 아니라 택시 운전수들과 밀약을 하여 손님 하나 이끌어 주는 데 20전씩을 받기로 하고 이리저리 빈 택시만 찾아다니며 승객을 이끌어 주는 소위 '택시 걸'인 것으로 판명되었다.

조선에서도 1920년대 후반부터 여성들의 직업이 다양해졌고, '걸'들도 나타나기 시작했다. 1927년과 1928년 『별건곤』에 소개된 여성의 직업을 보면, 여교사, 여의사, 부인기자, 유아원보모, 산파, 간호부, 방송국 아나운서, 전화 교환수, 여자 은행원 등과 함께 숍 걸(상점 점원), 데파트 걸(백화점 점원), 바걸, 웨이트레스(카페 여급), 버스 걸(버스 차장), 엘리베이터 걸, 헬로 걸(전화교환수), 티켓 걸, 가이드 걸 등도 곳곳에서 확인할 수 있다. 여성의 사회 진출이 확대되었지만, 그들이 주로 향한 곳은 도시의 소비문화 및 향락 산업에 치중돼 있었다.

'걸'들이 늘어나고 새로운 유형의 여성을 가리키는 명칭이 되면서, 당대의 향락적인 세태를 풍자하기 위해 '걸'을 붙인 새로운 조어를 만들어내기도 했다. 안석영은 조선일보에 그린 만문만화에서 남자의 지팡이 구실을 하는 '스틱 걸', 남자의

(上) 萬年景氣——溫突動物
(下)「에로」「그로」百%의
모던걸. 철부지乳兒의早熟이라
고나 할가

세모 가두의 불경기 풍경(1)
(『별건곤』, 1930년 12월호).
(상) 만년경기-온돌동물 (하) 에로 그로 백%의
모던 걸. 철부지 유아의 조숙이라고나 할까.

다리를 주무르거나 발을 씻겨주는 '핸드 걸', 박람회 때 일금 오십 전에 키스를 팔다가 쫓겨난 '키스 걸', 화려한 옷차림으로 본정통을 오가는 '마네킹 걸' 혹은 '백의(白衣) 걸', 거리를 오가며 누군가의 유혹을 기다리는 '스트리트 걸' 등을 소개하면서 당대 모던 걸을 사치와 허영의 대명사로 풍자하고 있다.

전 세계적으로 서비스의 요소가 강한 3차 산업이 확장되면서 여성의 취업도 늘어났지만, 그럴수록 여성에게는 '성적 매력'이 예전보다 더 강력하게 요구되었다. 당시 일본에서도 불경기로 남성들은 취업하기 어려웠지만 여성들을 모집하는 곳은 많았고, 채용조건은 한결같이 '용모단정'한 자였다. 이러한 경향에 발맞추기 위해 오사카 시립중앙직업소개소는 취업 강좌에서 '여성의 화장법'을 주요 과목에 넣어 '미인이 되는 법'을 가르치고, "미인은 없습니까? 오사카 시립중앙직업소개소에서 아름다운 처녀를 찾고 있음"이라는 기사를 싣기도 했다.

여성의 성적 매력을 상품화하는 추세가 소화(昭和)시대 초기의 퇴폐적 풍조를 가리키는 '에로 그로 넌센스'와 결합되면서 '에로 그로 넌센스'는 급속하게 확산되었다. 제1차세계대전 이후 도시 문화는 국제적 동시대성을 띠었는데, '에로 그로 넌센스'는 미국의 재즈나 댄스와 같은 대중문화가 간토 대지진 이후 문화의 대중화가 진행되던 일본에 영향을 주면서 생겨난 말이었다. 재즈가 흐르는 카페나 바에서 일하는 여급과 같은 새로운 직업도 '에로'라고 불렀다. 에로틱한 각선미를 선보이는 '레뷰'라는 공연 형식도 인기를 끌었다. 그러자 1930년 12월 24일 경시청 보안부는 레뷰와 춤 등이 사회풍속을 해친다며 일곱 항목으로 된 '에로 연예단속규칙'을 내려 보냈다. 이 규칙에는 무대 위의 몸놀림과 복장 등에 관한 내용이 규정되어 있는데, 허벅지 두 차(약 6센티미터) 미만의 옷이나 살색 팬티 금지, 등 상부 2분의 1 이하와 유방 아래 노출 금지, 허리 부분의 옷을 살색으로 보이게 하는 조명 금지, 허리를 전후 좌우로 흔드는 행위 금지 등이 들어 있었다.

이러한 상황을 감안하면 1930년대 식민지 조선에서 '에로 그로 넌센스'의 확산은 일본 내지(內地)의 향락 산업 및 성 풍속이 식민지로 이동한 것으로 볼 수 있다. 1920년대 중반 일본의 퇴폐적 문화가 조선에도 유입되었던 것이다. 당시 지식인들도 이러한 시각에서 '에로 그로 넌센스'를 바라보고 있었다. 이광수는 위에 소개한 글에서 조선 문단이 퇴폐적인 일본 문단의 영향을 받아 '에로 그로 넌센스'에 대한 관심이 높아지고 있다고 지적하면서, 일본과 같은 부의 집적과 문화의 난

숙 없이 오직 그 결과인 퇴폐적 사조만 일본에 합류하려고 하는 것이 문제라고 꼬집었다.

오기영은 1931년 『동광』에 실린 「매음제도론, 기생제도철폐 제의견을 검토함」이라는 논설에서 말초신경을 흥분시키는 퇴폐적 향락사상인 '에로 그로'는 제3기 자본주의의 특징이며, 선진자본주의 국가의 성적 난무는 먹을 것과 쓸 것이 있으나 모든 취미에 싫증난 이들이 선택하는 최후 자극제일 뿐이라고 잘라 말했다.

북학학인(北學學人)은 『삼천리』 1935년 11월호 「세계 각국의 신문계 총관」이라는 논설에서 미국 신문의 방향을 뉴스주의, 재즈주의, 양자가 절충된 황색주의 등 세 가지로 구분했다. 그가 보기에 소위 '옐로페이퍼'라 불리는 황색주의는 미국 신문의 대명사로서, 그 요체는 '대중과 같이 흥분하라!', '대중의 감정을 표현하라!', '끊임없이 훤조(喧噪)를 계속하여 독자의 마음 속을 찔러라!'라는 구호이다. 그리고 이러한 황색신문의 에로미(味)를 발전시킨 것이 재즈주의이다. '에로 그로 넌센스'는 저급, 비열, 음미(淫靡)한 재즈의 유행에 따라 발전되었다는 것이다. 이처럼 당대의 지식인들뿐만 아니라 최근의 연구 또한, '에로 그로 넌센스'는 미국에서 재즈와 함께 대중문화가 형성되고 자본주의의 성 상품화가 본격화되는 현상이 전 세계적으로 파급되면서 생겨난 결과라고 지적하고 있다.

그러나 이러한 지적들이 1930년대 조선에 불어 닥쳤던 '에로 그로 넌센스'에 대한 열기를 온전히 설명해주지는 못한다.

성과 육체에 대한 관심이 어느 정도 국제적인 동시성을 지니는 현상이라는 것은 부정할 수 없지만, 각 국마다 그러한 관심이 진행되었던 정도나 표면화되는 사건 사이에는 편차가 있다. 게다가 아직 자본주의가 본격적으로 전개되지 못했던 조선에서 일어난 '에로 그로 넌센스' 열풍은 그 나름의 독자적 동력과 특수한 사정을 지니고 있었다고 보아야 할 것이다. 그런 의미에서 당대에 제기되었던 '에로 그로 넌센스'에 대한 다음과 같은 언급들은 '에로 그로 넌센스'에 대한 탐닉이 그저 외국을 추종하는 세태만으로는 충분히 설명할 수 없는 다른 지점이 있다는 생각에 이르게 한다.

현대인의 신경은 나날이 둔해 간다. 현대과학의 끊임없는 자극에 극도로 첨예화한 그들의 신경이 밟은 반동적 경향이리라. 이리하여 그들의 마음 가운데는 어느새 부질없이 괴기를 찾는 일종의 엽기벽(獵奇癖)이 생겼다. 그로테스크! 그로테스크! 나체화적 에로, 신화적 그로테스크, 이것이 현대인의 시들어가는 명맥을 끌고 나가는 위대한 매혹이요, 생명수다. 이제야 삼면 기사적 항다반(三面 記事的 恒茶飯)의 사실보다, 김빠진 연애소설보다, 노파들의 입에서 풀려나오는 신화괴담에 귀를 기울이게 되었다. 동화(童話)의 세상이 오려는가! 사람들의 마음이 오래 떠났던 동심으로 돌아가려 함인가! 하여튼 이러한 엽기풍은 경박한 양키들의 조변석화적(朝變夕化的)으로 변전하는 유행심리만은 아니

다. 항상 기형적 진로를 밟고 있는 터이라 그들과는 생활이
엄청나게 다르건만 어느새 우리의 마음 가운데에도 이러한
심리가 움직이고 있었던 것이다.(일기자(一記者), 「거인 김
부귀를 요리했소」, 『별건곤』, 1930년, 9월호)

　모던-. 슈퍼모던-. 씨-크 잇트 첨단. 첨단. 첨단.
　세기말적 퇴폐문화의 오색등은 각각으로 변색(變色)되어
간다. 하루하루 마비되어가는 모더니스트들의 오관(五官)은
강렬한 자극을 갈구하며 기괴한 독창을 찾아 집중된다. 그
리하여 이러한 모던의 색등(色燈)에 시각을 빼앗긴 그들은
드디어 맹목이 되고 과민한 백치가 되었다.(「모던-복덕방」,
『별건곤』, 1930년, 11월호)

　두 글은 당대의 풍조에 대해 이론적 분석을 가하는 정치한
글은 아니지만, 당대의 문화와 풍속에 담긴 무의식을 잘 드러
내고 있다. 첫 번째 글은 '에로 그로 넌센스'에 대한 욕망이
갈수록 첨단으로 치닫는 현대과학에 대한 역반응임을 지적하
고 있다. 그러한 욕망들이 단순히 외래 사조를 추종하는 데서
생겨난 유행심리만이 아니라 문명의 발달과 궤를 같이하는 필
연적 반작용으로서 의미가 있다는 것이다. 두 번째 글 또한 모
던 문화의 강렬한 자극들이 오히려 다른 감각들을 무디게 만
들어, 더욱 강렬한 자극을 찾게 되는 것이 모더니스트의 생리
라고 말하고 있다. 특히 모던 문화가 "시각을 빼앗은" 것이라

는 점, 즉 시각이 압도적인 것이 모던 문화의 특성이며, 그로 인해 오히려 다른 감각들이 퇴화되면서 현대인이 "백치"가 되어버렸다는 지적이 이채롭다.

두 글을 종합해 보면, 압도적인 시각 문화에 의해 오히려 다른 감각들이 퇴화되고 있었으며, 당대의 '에로 그로 넌센스'에 대한 열기는 그렇게 퇴화된 감각들에 대한 향수에서 비롯된 것이라고 이해할 수 있다. 신화나 동화에 대한 관심이 높아진 것을 보면, '에로 그로 넌센스'에 대한 열기는 현대적 감각에 대한 추구가 아니라 오히려 과거로 회귀하고자 하는 움직임에 가깝다는 것이다. 1930년대보다 더욱 첨단을 걷고 있는 요즘에도 신화나 동화에 대한 관심이 시들지 않고 더욱 높아지는 것을 보면, 이러한 지적에 일리가 있다고 생각된다. 시각이 다른 감각보다 우위를 점하는 것이 문명의 발전 과정이며, 특히 근대문화의 한 속성인 것은 분명하지만, 당시의 매체 환경을 생각해 보면 청각을 비롯한 다른 감각들 또한 시각 못지않게 사람들을 자극하고 있었다.

월터 J. 옹은 『구술문화와 문자문화』에서 구술문화는 청각 중심적이고 문자문화는 시각 중심적이라며 두 문화를 구분한다. 그는 이어 20세기에 이룩된 전자기술, 즉 라디오, 텔레비전, 여러 가지 녹음테이프 등에 의해서 '2차적인 구술성'의 시대가 시작되었다고 지적하고 있다. 뒤에서 상술하겠지만, 라디오와 유성기 음반이 막강한 영향력을 행사하고 있었던 1930년대의 매체환경을 생각해보면, 당시 조선에서도 '2차적인 구술성'의 시대가 열리고 있었다고 볼 수 있다.

마샬 맥루한 또한 『미디어의 이해』에서 비슷하게 지적하고 있다. 그는 미디어 자체가 인간의 사고방식과 생활양식을 변화시킨다는 관점에서, 지배적인 커뮤니케이션 미디어의 종류에 따라 인류 역사를 4단계로 구분한다. 첫 단계는 구두(口頭) 커뮤니케이션에 의존했던 원시부족시대로, 이 시대의 인간은 시각·청각·후각 등 오감을 동시에 사용하는 복수감각형이었다. 두 번째 단계는 문자시대 혹은 필사시대로, 이때부터 사람들은 시각형 인간으로 변형되었지만 문자를 이용하는 사람이 적었으므로 이전 시대와 마찬가지로 복수감각형 인간이 지배적이었다. 세 번째 단계는 구텐베르크의 활판 인쇄술 발명 이후부터 전기매체가 등장하기까지의 약 4세기 동안으로, 사람들은 주로 시각에 의존하는 부분감각형 인간이 되었다. 네 번째 단계는 20세기 이후의 전기매체 시대로, 전기매체의 발달로 인해 인류는 과거의 구전문화가 우세한 시대로 복귀하게 되었다. 이에 따라 사람들은 다시 시각형 인간에서 복수감각형 인간으로 회귀하게 된다.

조선에서도 고려시대 금속활자의 발명 이후 인쇄술이 발달하고 개화기 이후로 근대적 인쇄문화도 보급되었지만, 1930년대 이전까지의 상황은 맥루한이 말한 두 번째 단계가 지배적이며, 세 번째 단계가 드문드문 섞여 있는 상태라고 보아야 할 것이다. 지식인을 비롯한 일부 상류계층은 이미 세 번째 단계에 도달해 있었지만, 당시의 문맹률을 생각해 보면 대다수는 두 번째 단계에 머물러 있는 상황이었다. 이런 상황에서 1920년대 후반부터 전기매체 시대와 맞닥뜨리게 된다.

이로 인해 당시의 사람들은 갑작스런 감각의 홍수에 직면하게 되었을 것이다. 감각의 홍수는 매혹이기도 하지만, 어느 수준을 넘어서면 피로와 신경증을 유발하게 된다. 1930년대에 씌어진 글들에서는 당대 문명에 대한 매혹과 더불어 그로 인한 신경증을 호소하고 있는 글들을 어렵지 않게 찾아볼 수 있다. 그러므로 '에로 그로 넌센스'에 대한 탐닉은 1930년대에 이르러 본격화된 감각적 혼란을 드러내는 대표적 징후라고 보아야 할 것이다. 그것은 현대적 감각에 대한 매혹과 동시에 현대성이 진행됨에 따라 늘어나는 감각적 피로와 신경증을 치유하기 위한 방편이기도 했던 것이다.

'에로 그로 넌센스'에 대한 열기가 자본주의적 성 상품화의 진전으로만 이해될 수 없는 또 한 가지 이유는 '에로 그로'와 '넌센스'는 약간 성격이 다르다는 것이다. '에로 그로'가 향락산업의 진전이나 시각적 감각과 관련되어 있다면, '넌센스'는 그러한 사실들과 관련되어 있는 동시에 그러한 상황을 넘어서려는 욕망이나 감각과 관련되어 있다. 이는 '넌센스'가 에로틱한 육체나 기괴한 사건들을 바라보는 데서 생겨나는 감각적 쾌락과 관련되어 있을 뿐만 아니라 그것들을 비웃고자 하는 웃음에 대한 욕망과도 연결되어 있기 때문이다.

'넌센스'는 말 그대로 '센스가 아닌 것', 즉 상식을 벗어난 것이다. 상식과 비상식의 대조에서 웃음이 발생한다. 웃음에 관한 많은 이론들이 공통적으로 인정하고 있는 것은, 어떤 것을 바라보는 두 가지 서로 모순되는 방식들이 함께 존재한다는 사실이야말로 웃음의 필수 요소라는 사실이다. 상호부조화, 즉 서로 대립되는 것들이 어울릴 때 웃음은 생겨난다.

물론 웃음은 상호부조화만으로 생겨나는 것은 아니다. 프랑스 시인 보들레르는 웃음이란 "인간이 스스로 우월하다는 생각의 결과물이다"라고 말한 바 있다. 그에 따르면, 웃음이란 본질적으로 인간다운 것이기 때문에 사실상 근본적으로 모순된 행위로서, 무한한 고귀함의 상징인 동시에 끝없는 비참함의 상징이기도 하다. 상식적인 것을 벗어난 것은 비인간적인 것이기 때문에 웃음의 대상이 된다. 일반적으로 상식을 벗어난 것은 상식보다 저열하거나 천박하고 추한 것이다. 그러나 만약 상식적인 것을 벗어난 것이 비인간적이지만 오히려 신에 가까운 것이라면, 이때는 오히려 상식이 웃음의 대상이 된다. 그러므로 '넌센스'는 만족스럽고 편안한 웃음을 이끌어내기도 하지만, 때로는 자기 자신이나 한 시대의 고정관념과 편견을 비웃는 씁쓸하고 공격적인 웃음과 연결되기도 한다. 이처럼 '넌센스'는 '에로 그로'처럼 당대 사람들이 추구했던 감각의 내용이 되는 동시에, 그와 달리 그러한 감각들을 비웃고 공격하고자 하는 의지를 담고 있다. 그러므로 '넌센스'에 대한 관심이 단순히 통속적이고 무비판적인 것으로 치부되거나 '에로 그로'에 부수적인 것으로 치부되어서는 안 될 것이다.

대중매체의 확산과 축제의 또 다른 부활

에로 그로 넌센스의 성격을 이해하기 위해서는 먼저 당시 조선에서 어떤 일들이 일어나고 있었는지를 살펴봐야 할 것이다. 이를 위해서는 1920년대 초반으로 거슬러 올라갈 필요가 있다. 에로 그로 넌센스는 새로 생겨난 말들이기는 했지만, 그것은 전통적 축제의 기본 속성이기도 하다. 축제를 통해 억압되었던 에로 그로 넌센스에 대한 욕망이 분출된다. 그런데 1920년대에 들어서면 축제의 의미에 변화가 나타난다.

1920년대 초반 김소월, 주요한, 김동인은 공동체적 축제의 웅성거림이나 떠들썩함과 유리된 개인의 고독과 애수를 보여주었다. 그들의 문학에 나타난 눈물과 우울은 집단적이고 신성한 축제로부터 멀어지면서 새로운 주체와 감수성이 탄생하고 있는 과정을 드러내고 있다. 주요한의 「불놀이」에서 보이는 '초파월 불놀이'와 같은 축제들은 상업적 양상과 결합되면서 점차 개인의 욕망을 위한 의례적 행사로 타락해갔다. 일상과의 단절과 위반을 통해 신성한 것에 대한 의지를 드러내던 축제는 반복되는 사회 현상이나 관광객의 시선을 끄는 '스펙타클'의 일종으로 변질되어갔다. 「불놀이」의 화자는 축제의 웅성거림 속으로 빠져들지 못한다. "오늘은 사월이라 패일날 큰 길을 물밀어가는 사람 소리는 듣기만 하여도 흥성스러운 것을 왜 나만 혼자 가슴에 눈물을 참을 수 없는고?"라는 고백은, 축제에서 소외된 자의 비애를 드러내고 있다.

「불놀이」의 화자가 축제에 빠져들지 못하는 것은, 그가 근대적 개인이라는 새로운 주체이기 때문이다. 전근대사회에서 축제는 집단의 공동체성을 강화시키고 재확인하는 유력한 수단이었다. 그러나 전통과 단절된 근대적 개인은 공동체적 축제에 쉽게 자신을 동화시키지 못한다. 우울과 비애가 근대적 개인이 지닌 감수성의 원천이 되는 것도 그런 이유 때문이다. 그 결과 근대적 개인은 「불놀이」의 화자처럼 집단에 매몰되어 있는 "사람떼"보다 자신이 우월하다는 고독한 영웅주의에 빠져든다. 눈물과 비애는 고독한 영웅이라는 것을 나타내는 징표이다.

그런데 근대적 개인으로부터 유리되어 가던 축제는 1920년대 후반에 이르면 개인의 일상 속으로 스며들게 된다. 경성에서 일어난 자본주의적 소비문화의 팽창은 과거에는 특별한 기

백화점 견학(『별건곤』, 1932년, 11월호).
수학여행 온 학생 일행이 백화점 구경을 하는
중, 한 학생 식당 앞에 혼자 멈춰서 "하-이것이
가쓰레쓰, …야사이사라다…라이스카레, 잠시
기록해두자."

간에만 느낄 수 있었던 축제의 황홀한 감각들을 일상 속에 풀
어놓았다. 일본인 상점이 밀집한 진고개는 '불야성의 별천지'
를 이루며 사람들을 유혹했고, 조선인 소유의 화신상회에서는
자본력이 막강한 일본인 상점에 대항하기 위해 '기행렬(旗行
列)'을 늘어놓고 1년 내내 경품 행사인 '만년경품대매출(萬年
景品大賣出)'을 벌였다. 경품행사가 있거나 세일 기간이 되면
백화점이 북새통을 이루기는 당시도 마찬가지였다.

　특매품부(特賣品部)에는 사람들이 한 덩어리가 되어 들
끓고 있다. 아마 '화신'의 인기는 이곳으로 오로지 몰린 모
양이다. 더 들어갈 수도 없고 도로 물러설 수도 없이 사람들
은 꽉 메워서 틈을 찾을 수가 없다. 여러 가지 잡화품이 벌
여져 있는 위에는 '20전 균일, 30전 균일' 등의 패가 붙어
있다. 시정의 소시민들은 갑자기 싸진 물건을 사 보겠다고
너나 할 것 없이 모두 이리로 몰려들었다. 제각기 값싼 물건

을 쳐들고 점원을 부르는 광경, 신입 점원이 물품 싼 뭉치를 들고 손님을 찾는 광경, 어쩔 줄 모르고 바삐 날뛰는 점원들 이야말로 일종의 수라장이었다.(「새로 낙성된 오층루 화신 백화점구경기」, 『삼천리』, 1935년, 10월호)

다른 상점들도 마치 명절날처럼 기를 꽂고 솔문을 세우고 유성기를 틀어놓고 호적을 불면서 사람들의 시선을 자극했다. 진기한 구경거리들로 가득 찬 종로 네거리와 진고개의 아스팔 트를 산보하는 것만으로도 사람들은 도시에서 얻은 피로와 신 경쇠약을 떨쳐 버릴 수 있는 감각적 만족과 위안을 얻을 수 있었다.

고대의 신성성으로부터 멀어지기는 했지만 삶의 권태와 피 로를 떨치고 위안을 얻는 축제의 분위기를 확산시키는 데 가 장 크게 기여한 것은 근대적 매체였다. 1920년내 후반 신문과 잡지 이외에도 보급이 확산된 유성기, 영화, 연극은 민중의 새 로운 오락거리가 되었고, 각종 흥행물을 유포시킴으로써 축제 의 감각들을 부활시켰다. 후원자의 지원을 받아 공연되던 대 중 연희들은 상업적인 상품이 되어 근대적인 유통체계에 편입 되었다. 1926년 김우진과 윤심덕의 정사 사건 이후 「사의 찬 미」가 대대적으로 유행하고, 1928년 전기녹음 방식의 도입으 로 음질이 향상되면서 음반은 가장 영향력 있는 대중매체로 부상했다. 어린아이들도 동요 대신 「강남달」이나 일본어로 된 유행가를 흥얼거리게 될 정도로 음반의 영향력은 막강했다.

이에 따라 음반회사도 늘어났고 경쟁도 더욱 치열해졌다.

　　레코드의 홍수이다. 레코드 예술가의 황금시대이다. 레코드 이외에는 오락을 갖지 못한 중산 가정에서는 찾느니 레코드뿐이다. 콜롬비아, 빅타만이 접전을 하던 때는 그야 말마따나 한 옛날 이야기꺼리로밖에는 남지 않게 되었다. 전조선 300이 넘는 대소 축음기점에서 매달 1000매, 2000매가 손쉽게 팔린다. (중략) 조선에도 축음기의 보급에 따라 레코드가 많이 팔릴 것이다. 여기에 따라 6대 회사의 쟁탈전이 격렬해질 것을 짐작할 수 있다.(「6대회사 레코드전」, 『삼천리』, 1933년, 10월호)

　연극의 경우에도 토월회 등의 신극 공연은 대중들의 호응을 얻지 못했지만, 연극사, 신무대, 연극시장 등의 흥행극단들이 전국 각지를 떠돌며 벌인 공연은 연일 성황을 이뤘다. 특히 만담과 익살극, 촌극, 쇼를 절충·복합한 막간극은 엄청난 인기를 얻었고, 그 인기를 바탕으로 유성기 음반으로 제작되면서 파급력은 더욱 커졌다. 막간극은 막과 막 사이에 지루해하는 관중을 위해 배우와 가수를 등장시켜 노래나 춤, 재담, 만담 등을 보여준 데서 시작되었다. 막간이 인기를 얻어 연극보다 막간을 중시하는 경향이 생겨나자 막간극 형태의 공연만이 이루어졌다. 막간의 인기는 영화로도 이어져 영화 상영 중 휴식 시간에 막간과 같은 여흥을 바라는 관객도 많았다. 또 문예강

연회 등과 같은 강연에도 야담, 유행가, 촌극이 삽입되었다.

조선극장과 단성사에서 상영되던 영화는 당시 신여성의 패션뿐만 아니라 삶의 양식을 전파시키는 유력한 매체였다. 모던 보이와 모던 걸들은 연애의 수단과 방식마저 영화를 모방하고 있었다.

못된 놈에게는 대개 정인(情人)이 있다. 그 따위들이 댕기꼬리 늘인 처녀와 야음을 타서 대로로 돌아다녀도 거들떠보려고도 하지 않을 만큼 경성의 살림살이도 스피드가 늘었거니와 돌아다니는 아이들도 그만큼 뻔뻔도 하여진 것이다. 그들의 사랑의 모든 수단과 방식은 단성사 조선극장의 스크린에서 취하고 있음은 물론이다.

"우리 신(申)의 눈은 꼭 발렌티노 같단다."

십육칠 세의 피지도 못한 꽃봉오리에서 이 같은 수작이 방송된다.

"뭐가 어쩌고 어째. 너 우리 송(宋) 보았지. 그 머리 깎은 타입이 뉘 것인 줄 아니? 존 바리모아 식이란다."

활동사진도 이만하면 조선까지 건너온 한은 풀었다고 할 것이다.

"애! 그 놈의 계집애 참 멋 들어간다. 코린무아 같은 데가 있는데."

"그것은커녕 저 계집애 좀 보아라. 힐끗힐끗 사람을 곁눈으로 보는 것이 마치 빌리터부의 눈초리 같지."

이것이 머리에 피도 마르지 못한 아이들 혹은 체조선생

에게 따귀를 맞고 지내는 학생들이 매일 지저귀는 수작이
다. 활동사진여배우의 얼굴이 어느 젊은 애 숙사치고 아니
붙은 집이 몇 집이나 되겠는가. 연애편지를 쓰려면 변사의
지절거리는 러브씬의 대목을 그대로 들어다가 옮겨놓고 '아!
당신은 나의 생명이올시다. 나는 오늘에야 비로소 이 세상
에 태어난 의의를 느꼈습니다. 생명의 아침은 이제야 돌아
온 것 같습니다.'(이서구, 「경성의 짜쓰」, 『별건곤』, 1929년,
9월호)

요즘에도 흔히 볼 수 있는 풍경이다. 연애 상대를 영화 속
배우와 비교하는 말들을 보면 이미 미의 기준이 서구적으로
변하고 있었다는 사실을 알 수 있다. 연애를 하기 위해서는 서
양 배우와 같은 외모를 갖춰야 하고, 영화 속 배우들의 대사를
통해 상대방의 환심을 사야 했다. 개화기 이후 자유연애와 자
유결혼을 강조하는 말들은 끊임없이 계속되었지만, 정작 그러
한 주장에 어울릴 만한 사랑의 구체적 실천 방식을 체화하고
있는 사람은 드물었다. 이러한 상황에서 영화는 근대적 개인
과 개인이 만나 사랑에 이르는 방식을 가르치는 훌륭한 교과
서였다. 그래서 어떤 사람들은 극장 앞 간판 구경만으로 시간
을 보내기도 했다.

라디오 또한 홍행물을 유포시키는 막강한 매체였다. 시험방
송을 거쳐 1927년 2월 16일 정식으로 시작된 라디오 방송은
'낮에는 신문이고 밤에는 유성기'가 되어 각종 홍행물의 유포

卒業을 하고나니!

卒業을 하고나니
百貨店의 쇼-윈도-
三十分씩 서있는
無報酬就職 해봤습니다

졸업을 하고나니!(『별건곤』, 1933년, 4월호).
졸업을 하고 나니 할 일이 있어야지! 그래 궐녀
씨 백화점 쇼-윈도 앞에서 삼십 분씩 서 있는
무보수 취업을 했습니다.

에 한 몫을 담당했다. 기악 연주, 단가, 만담, 강연, 소설 낭독,
외국어 강좌(영어), 라디오 연극, 국악(가야금 병창) 등이 경성
방송국 최초의 기본 편성표에 올라 있었다.[2]

이와 같은 흥행물의 범람과 대중문화의 형성 과정 속에서
주목할 만한 것은 가장 맨 처음 음반에 수록된 것이 가곡, 잡
가, 타령, 민요, 무가(巫歌), 재담 등 민중이 즐기던 전통적 공
연물이었다는 점이다. 1911년에 이루어진 일본축음기회사의
제1차 유성기 음반 녹음에 참가한 것은 류명갑, 박춘재, 김홍
도, 문영수, 심정순 등 명창이나 소리꾼들이었다. 음반 회사에
서는 이 레코드를 가지고 전국을 순회하며 공터에서 천막을
치고 입장료를 받으면서 음악을 들려주었다. 매체는 근대적인
것이었지만, 매체에 담긴 내용은 전통적인 것이었다. 라디오
에서도 국악 프로그램을 자주 방송했다. 개국 초부터 경성방
송국은 유명한 명창들만 모아 그들의 목소리를 들려줌으로써

30 에로 그로 넌센스

국악을 인기 프로그램으로 발전시켜 나갔다. 또 경성 조선극장에서 개최된 조선팔도 명창대회를 방송사상 최초로 중계함으로써 청취자들의 흥미를 돋우었다.

새로운 매체 속에 전통적 내용이 담기는 현상은 1930년대 중반까지도 지속되었다. 1920년대 후반부터 등장한 신식 유행가에서는 율격, 창법, 정서면에서 전통적인 노래나 시가의 영향이 두드러졌다. 1930년대 중반 유행가의 경우에도 신민요 외에 조선의 고전예술이나 향토색, 조선색이 담긴 노래들이 대중의 호응을 얻었다. 이러한 상황은 극 분야에서도 마찬가지였다. 1920~1930년대 대중으로부터 큰 호응을 얻었던 만담은 재담을 계승한 것으로,[3] 재담은 전통적인 희극 양식이 근대적 오락물로 전환된 공연양식이었다.[4] 전통적 희극 양식이 재담으로 이어지면서 통속화되긴 했지만, 재담이 지닌 전통적 요소들은 재담이 흥행하는 데 기반이 되었다. 패션, 스포츠 등 물질적이고 육체적인 것들은 쉽게 근대화되었지만, 감각이나 정서의 근대화는 더디게 진전되었다. 일부 인텔리 계층이나 신여성들의 감각은 급속히 근대화되었지만, 일반 민중들의 감각은 아직도 전통적인 것에 깊이 잠겨 있었다.

그러므로 식민지 조선의 대중문화는 본질적으로 외래의존적이고 무저항적이며 감각적이고 퇴폐적이라는 주장은, 패션 등 물질적 측면이나 영화 등 새롭게 도입된 문화만을 강조한 데서 비롯된 것으로 보인다. 물론 각종 흥행물에 대한 비판은 당시에도 꾸준히 제기되었다. 모더니즘의 향락자들은 대체로

31

신경병자이고 변태성욕자이며 문명병자(文明病者)들이란 비판도 있었고, 많은 지식인들이 흥행물이 '부패된 에로, 향락적이고 퇴폐적인 데카당, 숙명적인 페시미즘' 등을 통해 대중들을 기만하고 우둔화시키고 있다고 비판했다.

그러나 당시 대중문화가 도마에 오르는 주요 원인이었던 저급성과 통속성은 식민지 조선의 대중문화가 지닌 복합적 속성에서 비롯된 것이라고 볼 수 있다. 당시의 대중문화는 외래적인 것들과 전통적인 것들이 부딪치고 굴절되는 가운데 탄생한 것이다. 대중문화는 대중사회에서 대중매체를 통해 생성된 대량생산·대량소비의 문화라는 의미를 지닐 수도 있고, 고급문화와 대조되어 저급한 문화를 가리키는 말로 쓰이기도 한다. 그러나 대중문화가 지닌 저급성은 대중문화가 지닌 민중문화적 속성이 고급문화와 대조되면서 외면적으로 나타난 모습일 수도 있다. 저급성은 오히려 대중문화가 지닌 건강성의 징표일 수 있으며, 때로 그것은 사회 변화를 추동하는 역동적 힘으로 분출되기도 한다. 저급성과 통속성은 오히려 바흐찐이 말한 바대로 반-위계성, 가치의 상대성, 권위에 대한 의심·열림, 즐거운 무정부 상태, 독단에 대한 조롱 등 축제적 민중문화의 속성을 가리키는 이름일 수도 있다.[5]

1930년대의 대중문화는 그러한 바흐찐적 의미의 축제적 민중문화가 상업화된 형태, 즉 '민속'의 형태로 추락한 문화였다고 할 수 있다. '에로 그로 넌센스'의 감각을 만족시키는 축제가 일상 속에서 끊임없이 벌어졌지만, 그러한 축제 속에서 느끼는 황홀감은 이전과 달랐다. 일탈과 전복의 욕구는 거세되었고, 축제는 오로지 도시에서 느끼는 피로를 달래고 위안을 얻을 수 있는 대상이자, 에로틱한 개인적 욕망만을 충족시켜주는 소비의 대상으로 전락했다.

근대 매체의 확산 과정에서 또 하나 주목할 사실은, 영화와 신문과 같은 인쇄매체 못지않게 음반이나 라디오와 같은 청각매체의 영향력이 막강했다는 사실이다. 당시의 사람들에게 새로운 도시 문명은 시각과 함께 청각으로 다가왔다.

> 십년 동안 사회부 기자 생활에 나라는 한 몸뚱이는 그야말로 경성의 한 귀퉁이에서부터 바래고 말았으며, 도회 생활의 중독자, 거리에 헤매는 인종이 되고 만 것을 어찌 하랴. '오늘은 비도 오고 하니 집에서 책이나 읽어 볼까' 하고 마음을 가라앉히고 아랫목에다 베개를 높이 하고 책을 들고 누워 본 일도 있었다. 그러나 책에 박혀 있는 활자의 자취는 보이지 않고 멀리서 들리는 전차 소리, 자동차 소리, 라디오 소리에 귀가 먼저 간다.(이서구, 「실사 1년간 대경성 암흑가 종군기」, 『별건곤』, 1932년, 1월호)

인용문을 보면 전차나 자동차와 같은 물질문명은 그것이 지닌 소리로 각인되고 있다. 라디오는 물론 전적으로 청각에 의지하는 매체다. 시각에 의지하는 잡지나 신문의 경우에도 1930년대까지는 청각으로 인식하는 경우가 있었다. 궁벽한 시골의 경우 잡지나 신문을 접하기 어려웠을 뿐만 아니라 문맹자가 많았기 때문에, 구독하는 사람의 집에 모여 한 사람이 읽고 다른 사람들은 그것을 듣고 있는 경우가 많았다. 조선시대에 있었던 강담사의 전통이 남아 있었던 것이다.

월터 J. 옹에 따르면 라디오나 녹음테이프가 이룩한 '2차적인 구술성'은 강한 집단의식을 낳는다. 말하기에 귀를 기울이는 것은 그렇게 해서 듣는 청취자를 하나의 현실적인 청중, 즉 하나의 집단으로 만들어내기 때문이다. 맥루한 또한 잠재의식의 심층에 작용하는 라디오의 특성은 부족의 뿔피리나 고대의 북과 본질적으로 마찬가지라고 말한다. 라디오는 인간과 사회를 감동의 소용돌이 속에 던져 넣는 힘을 가지고 있다. 문자문화가 극단적인 개인주의를 조장하는 반면, 라디오는 부족과 혈족으로 연결된 고대 경험을 부활시킨다. 귀는 중립적인 눈에 비하면 감각 과민이다. 귀는 작고 폐쇄적이며 배타적이다. 반면 눈은 개방적이고 중립적이며 연대적이다. 맥루한에 따르면, 라디오는 파시스트이건 맑시스트이건 간에 개인주의를 집합주의로 순식간에 발전시키는 힘을 지니고 있다.

라디오가 개인보다는 집단주의를 발전시킨다는 사실은 조선에서도 확인할 수 있다. 1927년 개국한 라디오방송은 처음에는 한 개의 채널에다 조선어와 일본어 두 나라 말을 함께 실어 보냈다. 일본어 방송이 한참 나오다가 이어서 조선어 방송이 나오다, 다시 일본어 방송이 나오고 조선어 방송이 나오는 식이었다. 이른바 혼합방송이었다. 그래서 일부에서는 '비빔밥 방송'이라고 비아냥거리기도 했다.

6년 후, 그런 불편을 해소하고자 2중방송이 시작되었다. 일본말 방송은 제1송신기를 통해 900kHz 주파수를 사용했고, 조선어 방송은 제2송신기를 통해 610kHz 주파수를 사용했다. 조선어 방송이 시작되면서 라디오 방송에는 민족적인 색채가 더 강화되었다. 외래 음악보다는 전통적 가락과 이야기에 대한 소개가 늘었고, 향토색 짙은 민속과 고적 문화 등에 대한 소개도 이루어졌다. 권덕규의 '조선어 강좌', 최남선의 '조선 고적의 가치', 김동희의 '조선의 산수 대계' 등 교양 프로그램도 전파를 탔다. 소설과 신문이 민족이라는 상상의 공동체를 재현하는 기술적 수단을 제공했던 것처럼, 라디오 또한 민족과 고대의 유산을 부활시켰던 것이다.

이처럼 1930년대는 시각적 매체에 의한 근대적 감각의 확산과 더불어 청각적 매체에 의한 전통의 부활이 동시에 진행되고 있었다. 두 가지 성격의 매체가 각종 흥행물을 유포시키면서 전통적 축제의 감각이 일상 속으로 스며들게 된다. 그러나 새롭게 부활한 축제는 고대의 축제와는 달랐다. '에로 그로 넌센스'는 고정관념으로부터 일탈하고 상식이 전복되는, 전통적 축제의 기본적 속성이었다. 그러나 1930년대의 '에로 그로 넌센스'에는 축제적 민중문화가 지니고 있던 급진성과 전복성이 거세되어 있었다.

자극광 시대의 에로 천국, 카페

    1920년대에 탄생한 연애 담론의 열기는 1920년대 말까지 지속되었다. 서구에서 수입된 영화가 유행에 영향을 미치면서 연애 담론은 한층 증폭되었다. 1926년부터 발행된 『별건곤』을 살펴보면, 연애, 결혼, 남녀문제, 성(性)에 관련된 내용이 기사의 대부분을 차지하고 있다. 그러나 성적인 욕망은 거리를 활보하던 신여성의 에로틱한 의상과 해수욕복을 입고 있는 영화 속 서양 여배우, 일본 상인이 팔던 춘화류에 대한 관심 등을 통해 표출되고 있었지만, 아직 '에로'나 '그로'라는 말은 발견되지 않는다. 1920년대 후반만 해도 '환각적, 말초적, 향락적, 유혹적, 도발적'이라는 말이 주로 쓰였다.

    '에로'가 그 말들을 대체한 것은 1930년 무렵이다. 『별건곤』

1930년 11월호 「새로운 경향의 여인점경」이라는 글에는 거리를 지나는 신여성의 에로틱한 모습이 묘사되어 있다.

요즈음 서울 거리에 신여성의 내왕이 부쩍 늘었다. 그 중에도 이따금 양비단의 현란한 색채와 무늬로 시중의 주목을 끌면서 압도적 에로를 방산하고 지나가는 정체 모를 여인들하고 거리에서 마주칠 수 있는 영광이여! 정체를 모르는 데 고아한 맛이 있거든. 아무튼 신앙은 무지에서 생긴다. 육색(肉色) 굽 높은 구두. 뻬스코스 실크 스타킹. 두 줄로 땋아 늘인 짤막한 뒷머리, 뒤통수에 바짝 올려 딴 흑공단 리본. 암사슴같이 껑충한 두 종아리. 젖가슴에 안은 커다란 핸드백.

인용문에서 알 수 있는 것과 같이, 가장 강력하게 에로를 발산하고 있었던 것은 신여성의 패션이었다. 이 글의 필자는 기생들이 신여성을 본떠 만들어낸 새로운 패션에 대해서는 '에로로서는 너무나 추상적(抽象的)이다, 아직도 조선적인 취향이 깊은[朝鮮臭濃濃] 퇴기에로'라며 부정적으로 평가하고 있다. 신여성이나 여학생의 패션이 에로틱한 대상이 되다 보니, 웃지 못할 소동이 벌어지기도 했다.

어떤 일요일날 오후에 동대문행 전차를 탔다. 그날은 일요일이니만큼 승객이 퍽 많았는데, 그중에 술 취한 젊은 친구 하나가 구태여 여학생이 앉은 옆에 바짝 다가서서는 차

어엽븐 여학생의 신안호신구
(『별건곤』, 1928년 1월호).

가 흔들릴 적마다 일부러 여학생의 무릎에다 다리를 들이대었다. 두서너 번이나 그러더니 그 자는 별안간 "아이고! 다리야!" 소리를 지르며 푹 넘어진다. 저도 무슨 까닭인지 알지 못하고 다른 사람들도 또한 무슨 까닭인지 알지 못하였다. 그럭저럭 단성사 앞 정류장에 당도하니 그 술 취한 자는 내려서 뺑소니를 치고 차 안에 앉았던 여학생은 자기 옆에 있는 모 여학생을 꾹 찌르며 "그놈 한 대 잘 맞았다" 하고 킥킥거리고 웃었다. 나중에 알고 보니 근래에 여학생들이 구경거리가 돼서 차를 타면 그런 무례한 남자들이 있기 때문에 치마 속에다 일부러 바늘통을 준비해 가지고 다니다가 그런 남자가 있으면 시치미를 뚝 떼고 그렇게 침을 주는 것이었다. 부랑한 청년제군! 몸 약한 여학생이라고 함부로 굴다가는 남모르는 주사침을 맞을 터이니 주의하시오 그리고 시골서 새로 온 여학생 여러분은 구두, 세루옷, 팔뚝시계 같은 것만 사지 말고 이런 바늘도 더러 사둘 일.(송작, 「여학생의 보호침」, 『별건곤』, 1932년, 4월호)

여학생들이 에로틱한 감각을 발산하는 주요 진원지 중 하나였다면, 남학생의 경우에는 여학생의 에로에 매료되어 에로를 찾아 헤매는 중독자가 많았다. 18세의 김 모라는 고등보통학교 학생은 공부도 잘 못하고 에로만을 탐닉하는 학생이었는데, 한번은 기생집을 찾았다가 오히려 기생으로부터 봉변을 당했다.

그날에도 그 학생이 찾아오되 그 중에도 정월 초하루날에 찾아온 것을 보고 하도 한심하게 생각하여 그 학생을 보고 하는 말이, 여보 당신이 내 집을 찾아주신 것은 고마운 일이나 보아 하니 아직 학생의 몸이요, 또 오늘이 정월 초하루날이라 조상의 차례도 있을 터요, 조부, 형, 친구에게 세배 갈 곳도 있겠고 또 다른 사람들은 초하루에도 학교를 가는데도 불구하고 나 같은 기생집으로 놀러왔으니 당신은 학교로 치면 규칙을 범한 학생이고 가정으로 치면 불효부제한 사람이라, 내가 비록 기생이나마 나이가 당신에 비하면 누이뻘 되고 내 조카 동생도 당신과 같은 학생인 즉 학부형뻘도 되는 터이므로 특별히 말씀하는 것이니 더 있지 말고 가서 공부나 잘 하시오. 만일 오래 있고 가지 않는다면 나는 기생이란 신분을 떠나 한 학부형으로 또는 누이로서 당신의 종아리를 때리겠다고 호령호령을 하니 그 학생은 그만 부끄러워서 얼굴이 빨개지고 아무 말도 못하며 꽁지가 빠지게 도망을 하였다 한다.(풍류랑, 「현대기문—기생이 학생 종아리 때린 이야기」, 『별건곤』, 1931년, 7월호)

물론 여학생 중에도 향락 산업에 종사하는 경우가 있었다. 당시 경성에는 '밀가루'라 불리는 여학생들이 있었다. 집안 형편상 학비를 내지 못하게 된 여학생들은 거리를 헤매며 성을 팔았는데, 그렇게 밀매음에 종사하는 여학생들을 '밀가루'라는 은어로 부르기도 했다.

신여성들의 패션에서 에로틱한 감각을 느끼는 사람들이나 성매매에 종사하는 여성들은 이전에도 있었다. 그런데 이 즈음에 와서 '에로'라는 말이 새롭게 유행하게 된 것은 1920년대 후반부터 등장한 '카페'의 영향이 적지 않았다. 카페는 16세기 후반 아라비아로부터 유럽에 커피가 전래되면서 일종의 커피하우스로 출발했다. 영국의 경우 상류층 가정에서 차를 마시던 습관이 17세기 중반 이후 공공장소로 이동하게 되면서 카페의 수가 급격하게 증가하였다. 카페는 당시 정치적으로나 사상적으로 상승하고 있던 중산층 시민이 정치적 토론을 나누는 공간이었다.

그런데 조선에 수입된 카페 문화는 일본에 의해 변형된 것이었다. 1911년 일본 최초로 카페 쁘렝땅(Printems)이 문을 열었다. 이 카페의 설립자는 예술가인 마츠야마 쇼조였는데, 그는 '유럽에서와 같이 사람들이 모여 대화할 수 있고 친구를 만날 수 있는 장소를 제공하기 위해서' 카페를 열었다. 그러다 관동대지진 이후 여급이 손님들에게 양주를 제공하는 형태로 바뀌게 된다. 커피와 차, 식사를 제공했던 유럽과 달리 일본에서는 술과 함께 여급의 접대가 제공되었다.[6] 조선에서도 1911

년에 '타이거'라는 카페가 최초로 생겼지만, 세간의 관심을 끌지는 못했다. 1920년대에 들어서야 본격적으로 카페업이 활기를 띠게 되었고, 1930년대 전반기 번성을 이룬 카페는 1930년대 후반 전시체제기에 접어들면서 점차 쇠퇴하였다.

1930년대 초반은 카페의 전성기라고 할 수 있다. 이전까지 카페가 주로 일본인 거리에 자리 잡았던 데 비해, 이 시기에 이르면 1931년 '낙원' 카페가 문을 열어 성공한 이후 종로에도 카페가 우후죽순처럼 생겨나기 시작하여 카페 이용자층이 종로까지 확대되었을 뿐만 아니라 그 수도 늘게 된다. 1931년 경성 지역의 카페는 본정서 관내 58개소에다 용산, 종로 각 경찰서 관내를 합치면 약 100개에 달했으며, 여기에 종사하는 여급도 본정서 관내의 일본인 여성 353명, 조선인 여성 32명을 비롯하여 약 1,000명가량 되었다.

카페 이전에는 기생이 나오는 요리집이나 유곽, 거리에서 마주치는 신여성만이 에로틱한 욕망을 충족시켜 줄 수 있는 대상이었다. 그러나 요리집의 기생들은 신여성들이 지닌 세련된 에로티시즘을 갖출 만큼 근대화되는 데 시간이 걸렸다. 화류계 여성과 신여성의 스타일에는 엄연한 차이가 있었다. 근대화된 에로티시즘을 선보였던 신여성의 경우에도, 거리에서 마주칠 수 있는 신여성은 시각적 향락만을 제공할 뿐이었고, 신여성과 다양한 감각적 향락을 즐기기 위해서는 연애라는 길고 지루한 과정을 거쳐야 했다.

반면 카페는 신여성이 지닌 현대적 에로티시즘을 가까이에서 어렵지 않게 접할 수 있는 새로운 장소로서 각광을 받았다. 카페는 '현실미(味), 가벼운 우울, 살이 미소하며 엉덩이가 춤을 추는 날카로운 육감, 상대자를 탐색하는 야릇한 피로, 귀가 멍멍한 음향, 농훈한 색채, 환각적 말초신경의 기괴한 발동'[7] 등으로 가득찬 '청춘의 놀이터'이자 모든 향락을 구비한 곳이었다. "시간비 주고 불러 모시는 거북한 기생아씨보다 일원 한 장

상-카페 전경(『매일신보』, 1930. 2. 15).
하-카페 내부(『매일신보』, 1932. 1. 2).

만 내놓으면 몇 시간씩 손목도 잡히고 뺨도 내어주며 신식 창가, 사교댄스까지 흥을 돋워주는 미인"이 있다는 점 때문에 사람들은 앞 다투어 카페로 향했다. 카페에서는 '자유, 공개, 해방'의 분위기 속에서 에로에 대한 욕망을 합리적으로 만족시킬 수 있었다.

카페 여급은 유행을 주도하는 모던 걸로 인식되었다. 한때 히사시가미(앞머리를 앞으로 쑥 내밀어 빗은 머리)와 흰 에이프런에 고무신을 신은 어설픈 모습이 조롱받기도 했지만, '울긋불긋한 굽 높은 구두'를 신고 다니는 모습이 여급의 전형이 되었다. 카페의 여급들은 남성 고객의 욕망을 충족시키기 위해 성적 매력을 발산하는 다양한 기술을 알고 있었다.

또한 여급은 자주 접하고 대화할 수 있는 수준을 가졌기 때문에 자유연애의 상대로 적합했다. 카페의 여급들 중에는 고등교육을 받은 이들이나 여배우들이 많았다. 경성 시내에서 유명한 여배우들이 여급으로 있는 카페를 찾기란 어렵지 않았다. 가장 유명한 여배우는 복혜숙으로 바 '비너스'의 마담이었다. 영화배우 중 가장 미모를 자랑하고 조선적이었던 신일선, 술 잘 먹기로 유명한 김보신, 「월하의 맹서」 등에 출연했던 이명화, 「숙영낭자전」 등에 출연한 김명순 등도 카페 여급으로 있었다.

카페 여급들의 수입은 손님으로부터 받는 팁이 전부였지만, 대개 한 달 수입은 50-60원 정도로 꽤 많은 편이었다. 이는 9-17원을 받던 공장 직공보다는 월등하게 높았고, 전문직인 교원이나 신문기자와 비슷한 수준이었다. 또 일급인 경우에는 70-80원, 복혜숙과 같은 일급마담은 1,000원 가량을 벌었다. 배우 생활만으로는 생계를 감당하기 어려웠던 배우들은 카페로 진출함으로써 상당한 수입을 올릴 수 있고, 카페 업주에게도 여배우 출신 여급이 있다는 것이 카페 홍보에 유리했으므로, 카페에는 시간이 지날수록 배우들이 몰려들었다. 그래서 항간에서는 카페가 '몰락 여배우 수용소'라고 비아냥거렸고, 여배우의 카페 진출로 인해 영화와 연극의 장래가 어둡다는 전망이 나오기도 했다.

카페 여급들을 통해서 1920년대 초반 관념적인 수준에 머물러 있던 자유연애가 일상에 정착하게 된다. 1931년 『실생활』

에 실린 「직업부인 언파레이드 - 카페 걸의 생활이면」이라는 글은 카페가 연애를 돈으로 살 수 있는 공간이라고 지적한다.

카페는 진한 연애는 아닐지라도, 그와 여하한 연애를 파는 시장이다. 여급이 연애형식 그 이상의 그 무엇을 파는 수가 더러 있을지는 모르나 연애만은 공공연하게 팔 수가 있다. 카페는 단지 연애의 수속비로 술을 팔 뿐이요, '팁'이라는 희사(喜捨)가 연애의 가격이다. 공황, 불경기 하면서도 세월 좋은 시장이다. 삼십사 원의 가엾은 월급쟁이 포케트에서 돈이 튀어나온다. 그러나 여기에 몰려든 흥정꾼들은 밥보다도 먼저 그리고 밥보다도 더 비싼 연애를 사러 다니기에 청년 신사 학생들은 골몰하고 있다. 이 위대한 시장, 요리집에다 기생집을 좀더 첨단화시킨 이 시장이 유행에 뒤지지 않으려는 모뽀의 선도로 쓸쓸한 북촌 거리 여기저기에 몰려오고 있다.

온갖 계층이 카페로 몰려들었지만, 가장 많았던 것은 학생이었다. 카페 이용객의 거의 절반이 학생이었다고 한다. 경성제국대학 학생들 가운데 이름난 부잣집 아들들은 밤 12시가 넘도록 여러 카페를 돌면서 여급들과 노닥거렸고, 그렇지 못한 학생들은 선술집에서 술을 마시고 카페에 가서는 맥주 한두 병만을 시켰다. 경성제대 예과 학생들 중에도 카페를 돌아다니다 전차가 끊어져 기숙사에 걸어가는 경우가 많았다고 한

현대 학생의 눈(『별건곤』, 1927년, 1월호).
시험공부도 활동사진관에 가서 연애사진
보랴, 여학생 보랴, 기생 보랴, 책 보랴, 눈
일이 몇 개 있어도 부족.

다. 학생 이외에도 예술가, 회사원, 은행원, 관리, 신문기자, 학
교 교원 등이 카페를 이용했다. 한때 금광업이 호황을 맞으면
서 금광업자가 카페의 주 이용객이 되기도 했다.

카페는 에로뿐만 아니라 근대적 도시 문화를 체험할 수 있
는 공간이기도 했다. 카페는 좌석설비, 여성의 치장, 포주의
경영 등 모든 면에서 근대적 면모를 지니고 있었다. 간판부터
근대적 도시성을 획득하고 있었다. 간판의 글자는 주로 한자
였지만, 가나와 영어도 상당수 사용되어 조선의 거리에서도
이국적인 정서를 느낄 수 있게 되었다. 맥주 이름을 크게 써놓
고 그 아래에 카페의 이름을 적는 경우를 흔히 볼 수 있었다.
또한 1932년 이후에는 네온사인이 설치되었고, 카페의 내부는
수입품들로 채워졌다. 유성기가 널리 보급되기 전, 미국에서
유행한 재즈를 들을 수 있는 곳도 카페였다. 모던 보이, 모던
걸들은 레코드와 활동사진에서 보고 들은 재즈를 카페에서 마
음껏 즐길 수 있었다. 그들에게 카페는 극장과 더불어, 일상에
서 탈출해 이국적 정취를 물씬 느낄 수 있는 안식처이자 교양

과 문화를 체험할 수 있는 공간이었다.

> 4, 50전만 가져도 하루 저녁의 위안을 얻을 수 있는 극장
> 과 10전짜리 백동전 한 푼만 있어도 브라질에서 온 커피에
> 겸하여 미인 웨이트레스까지 볼 수 있는 카페조차 없다면
> 서양 사람들의 소위 구락부 같은 것은 말할 것도 없거니와
> 이웃나라 사람만큼도 집회의 자유가 없어서 일년 가야 강연
> 같은 강연 하나 들을 수 없고 음악회 하나 볼 수 없는 이곳
> 이 땅의 젊은 사람에게 있어서 극장과 카페는 실로 사막 중
> 의 오아시스와 같이 다시 없는 위안거리가 되는 것이며 따
> 라서 혹 어떤 때에는 일종의 사교기관까지도 되는 것이다.
> (김을한, 「경성야화」, 『별건곤』, 1930년, 7월호)

물론 앞서 살펴 본 것처럼 점차 에로화하는 세태에 대한 비판이나 카페의 해악을 일소하려는 움직임도 적지 않았다. 카페 걸은 뇌신경을 가학하는 '도깨비'라는 비난도 있었고, 카페의 모던 걸이 기생의 밥을 약탈하는 세상이 되었다며 개탄하는 이도 있었다. 불경기인데도 카페와 향락산업에 종사하는 여성의 수는 늘어만 가는 세태를 걱정하는 목소리도 높았다. 1931년 8월 『동광』에 수록된 한 편의 시가는 '퇴폐'의 온상으로 카페를 지목하고 있다.

> 모뽀(모던보이 : 인용자)의 원하는 말

천당 싫고 지옥 찾네
천당엔 카페 없고
지옥 계집 요염타나
하늘에 태양이 밝고
사람에게 도(道) 있건만

이 글의 필자는 천당에는 카페가 없다며 모던 보이들이 지
옥을 찾는다고 말하고 있지만, 오히려 모던 보이들에게는 카
페가 천국이었다. 상황이 이쯤에 이르자, 1929년 4월 본정경
찰서에서는 카페 풍기문제의 진원으로 지목되었던 다다미 사
이의 칸막이를 철폐하라고 지시하기도 했다. 1933년에는 부부
동반으로 카페를 이용할 수 있을 만큼 명랑하고 유쾌한 장소
로 만들고, 여급의 인격과 자유를 보장하라는 지시를 내렸다.
그해 11월에는 경성 시내에는 되도록 새로운 카페 영업을 허
가하지 않기로 결정했고, 1934년 6월10일에는 다음과 같은
풍기단속 명령을 내렸다.

　1. 창문을 열어 놓거나 혹은 들어가는 문간을 열어놓기
때문에 내부가 그대로 노출되어 풍속상 좋지 못하니 열어놓
고자 할 때는 '주렴'이나 장막을 쳐서 밖에서 보이지 않도
록 할 것. 그리고 여급들이 창문에서 밖을 내다보지 말 것.
　2. 여급이 자기 숙소로 돌아가는 도중에서나 혹은 영업장
소 문간에서 손님과 절대로 희롱을 하지 말 것.

이외에도 외부 장식이나 실내 조명, 축음기 사용 시간, 영업 시간 등에 규제가 이어졌다. 결국 1934년 9월 「카페영업취체내규표준」을 발표하여 카페 영업의 전반적인 사항을 규제하였다.

1930년대 '에로 그로'에 대한 열기는 카페라는 공간을 중심으로 확산되었다. 특히 시각적 자극에 민감한 상류계층이나 학생들이 에로에 민감하게 반응했다. 이들은 인쇄문화나 문자문화에 낯익은 계층이었고, 이에 따라 시각적 자극을 더 예민하게 받아들였다. 신여성의 패션, 카페의 화려한 외관, 카페걸의 에로틱한 동작 등 에로티시즘을 자극하는 것은 시각적인 것이 대부분이었다. 그러나 시각적 자극을 추구하면 추구할수록 감각은 무뎌지고, 더 강렬한 자극을 찾아 나서게 된다. 에로를 넘어서 엽기적 '그로'를 추구하기에 이르는 "자극광시대(刺戟狂時代)"가 도래했다는 진단은 이로부터 나온 것이다. 오히려 사람들은 시각뿐만 아니라 시각 이외의 다른 감각들에도 예전보다 더욱 예민해지게 되었다. 1930년대 '에로 그로'의 열기는 조선에도 시각 중심적 근대사회가 도래했다는 증거이자, 그러한 사회가 필연적으로 나아가게 될 감각적 복고주의의 시작이었다.

에로 그로를 해체하는 넌센스의 웃음

'넌센스'라는 말이 유행한 것도 1930년 무렵으로 보인다. 『별건곤』 1930년 6월호에는 '유모어·넌센스'라는 타이틀 아래 「현대투빈비술(現代鬪貧秘術) - 가난뱅이 생활사전」이라는 제목으로 「현대투빈의 육대비결」「제일유효투빈술」「초특투빈술-콘트 형식을 빌어서」라는 세 가지 글이 실려 있다. 수필과 콩트 형식으로 이루어진 이 글들은 당시의 세태를 우스꽝스럽게 그려내고 있다. 「현대투빈의 육대비결」이라는 제목 아래 실려 있는 여섯 번째 비법은 '무전부조법(無錢扶助法)'으로 경조사에 부조금 내지 않는 법을 우습게 그려내고 있다.

부조라 하면 으레 금전이나 무슨 물품으로 남을 도와주

어야 할 것이다. 그러나 저 먹을 것도 없는 가난한 놈이 일일이 금전 기타 물품으로 부조는 할 수 없고 그냥 있자니 또한 체면에 관계가 된다. 그러니까 누가 환갑, 혼인 같은 연회에 청하거든 반드시 봉투 속에다 '1.가리 한 짝. 2.꿀떡 일기(一曬)'라 쓴 단자를 넣어 주인을 주라. 그러면 그 주인은 그 물품이 안으로 벌써 들어간 줄 알고 고맙다고 치하를 할 것이다. 그러나 실상 알고 보면 그 가리라는 것은 소 가리나 도야지 가리가 아니라 음식을 거저 먹을 자기의 아가리란 말이오, 또 꿀떡은 음식을 먹을 때에 목 속에서 나오는 꿀떡 소리가 난다는 말이다.

이 글을 보면 '넌센스'라는 말은 '유모어'라는 말과 비슷한 의미로, 웃음을 내용으로 하는 글의 종류를 가리키는 명칭임을 알 수 있다. 이와 같이 넌센스는 '아무 뜻도 없는 웃음거리, 어처구니없어서 우스운 것, 그럴 리가 없어서 우스운 것' 등을 지칭했다.

이 당시 웃음거리를 가리키는 용어는 다양했다. 그 가운데 가장 널리 사용된 것은 '소화(笑話)'라는 명칭이었는데, 이는 웃음을 담고 있는 에피소드 중심의 짤막한 서사물을 가리키는 말로 이미 오랜 역사를 지닌 명칭이었다. 개화기 이후에도 이 명칭은 계속 사용되었으며, 그 내용은 문헌이나 구전으로 전해지는 것들이나 외국 서적에서 발췌한 것들로 채워졌다.[8] 『소년』에는 「소천소지(笑天笑地)」와 「태서소부(泰西笑府)」라는 명칭 아래 소화류의 글들이 실려 있고, 1920년대 이후 발행된 대부분의 흥미 본위 잡지에는 '소화'란이 있었다.

이 시기 소화란에 실려 있는 소화는 대개 원고지 1~2매 분량의 짧은 글이었기 때문에 면이 비어 보이는 것을 막으려는 '면 막음용' 성격이 짙다. 따라서 소화는 비정기적으로 실리는 경우가 많았고, 때로는 소화라는 타이틀 없이 글 제목만 나와 있는 소화도 있었다. 또 '소과대학', '소문만복래', '소화방송실', '소화집', '담소장' 등과 같이 소화라는 것을 짐작할 수 있는 명칭도 사용되었다. 아래에 예로 든 소화를 보면, 소화는 시대와 장소에 관계없이 누가 들어도 우스울 만한 내용들로 이루어진 것을 알 수 있다.

◇과연

교사 : 투명체라는 것은 가령 유리와 같이 저 쪽이 보이는 것이다. 투명체의 예를 들면 어떤 것이 있느냐?

생도들 : (일제히) 선생님 저 사닥다리요!(『별건곤』, 1930년, 3월호)

◇염려 없지요

남편 되는 사람의 병의 원인이 이상하였고 또 병세가 심상치 않았다. 의사가 환자의 부인에게 경계해 가로되,

"절대로 바깥양반과 한 방을 쓰지 마십시오. 간절히 주의시켜 드리는 말입니다."

"네. 네. 염려 없어요. 잠자리에 있어서 달리 변통될 데가 있으니까요." (『별건곤』, 1932년, 9월호)

◇영리한 아내

단 두 내외가 사는 가정, 어느 날 남편이 하루 종일 일을 보고는 자기 집에 바삐 돌아가며 따뜻한 밥을 해 놓고 문 앞에서 아내가 기다릴 줄만 믿고 있던 것이, 집에 들어가자 웬걸 웬걸. 문이 꼭꼭 잠기고는 자물쇠까지 딱 채워 있는지라, 얌전한 남편도 참다못해 그만 홧김에 자물쇠를 부수고 들어갔다. 천정만 쳐다보고 멍하니 섰겠다. 언뜻 보니 책상 위 종이 조각에 아내의 글씨가 씌어 있었다. 하였으되, "나는 활동사진을 보러 가며 문을 잠그고 열쇠는 들어오는 문 앞 처마 밑에 두었으니." 이런 문구였다. 남편의 하는 말, "참 영리한 아내로군."(『별건곤』, 1927년, 1월호)

소화는 '면 막음용'으로 쓰이기도 했지만, 소화에 대한 독자의 관심은 적지 않았던 것으로 보인다. 『신동아』에서는 소화를 모집하고, 채택된 것들은 '입상소화'란을 통해 싣기도 했다. 소화보다 길이가 길거나 새로 창작된 웃음거리, 세태에 대한 비판을 담고 있는 글에는 풍자나 해학이라는 말이 사용되었다.

넌센스나 유모어, 아이로니라는 타이틀 아래 실려 있는 글들은 소화, 풍자, 해학이라는 타이틀 아래 실려 있는 글들과는 성격이 약간 달랐다. 소화와 거의 구분하기 힘든 것들도 있긴 하지만, 대체로 넌센스라는 양식 아래 묶인 글들은 주로 몇 년 전 모 방속국에서 크게 유행했던 텔레비전 프로그램 '토크박스'에 나올 만한 글들이었다. 그래서 소화와는 달리 당대의 풍속과 문화가 반영되어 있는 것이 넌센스의 특징이라고 할 수 있다. 주로 자신이 경험한 우스꽝스러운 사건이나 남한테 들은 우스운 사건 등이 '넌센스'란을 차지했다.

형식은 다양해서 수필처럼 되어 있는 것도 있고, 두 사람이나 여러 사람의 대화 형식으로 이루어진 것도 있었다. 여러 사람이 모여 즉흥적으로 이야기를 나눈 좌담회의 경우에도 '넌센스 본위'라는 제목을 붙였다. '넌센스·유모어'나 '넌센스·유모어·아이로니'와 같이 넌센스에 유모어나 아이로니가 병기되는 경우도 있었지만, 넌센스만 단독으로 사용된 경우가 훨씬 많았다. 유모어와 아이로니라는 말도 쓰이기 시작했지만, 넌센스라는 말이 이러한 종류의 우스운 이야기를 대표하는 명칭으로 사용된 것으로 보인다.[9] 글의 한 종류를 가리키는 명칭뿐만 아니라 '넌센스한 광태'와 같이 어떠한 태도를 가리키는 말로도 쓰였고, 에로 그로와 더불어 새로운 감각적 자극을 가리키는 말로도 사용되었다.

넌센스는 막간극에 포함되었던 촌극의 한 장르를 가리키는 명칭으로도 사용되었다. 막간의 유행가나 촌극이 인기를 끌게 되자 음반회사들은 앞 다투어 그것들을 음반에 담아 넌센스나 스켓취, 만담이라는 명칭을 붙여 팔기 시작했다. 넌센스라는 이름으로 음반에 수록된 것들은 3분 이내의 짧은 분량에 희극적인 인물이나 상황을 다루고 있으며, 대화의 형식이 기본 구조로 사용되었다. 음반에는 넌센스, 스켓취, 만담의 세 가지 용어가 사용되었지만, 음반사 문예부장들이 이 세 장르를 통틀어 일컬을 때에는 넌센스라는 용어를 사용한 것으로 보아, 넌센스는 이 시기 우스꽝스러운 이야기를 가리키는 대표적 명칭으로 통용되었던 것으로 보인다.

넌센스 음반은 선풍적인 인기를 끌었다. 유행가와 마찬가지로 넌센스 음반의 내용을 따라 하는 아이들이 늘었다. 당시의 넌센스 음반에 실린 것들 중에는 한자어나 숫자, 동음이의어 등을 활용한 언어유희로 이루어진 것들이 꽤 많았는데, 그것을 곁말 또는 엇말이라고 불렀다. 곁말이 잘 구사된 만담으로는 당대의 천부적 만담꾼이었던 신불출과 김진문의 대화만담을 들 수 있다. 다음은 1937년 오케에서 취입한 「개똥 할머니」의 일부분으로, 개똥 할머니라는 한 노파와, 그 노파의 손녀와 결혼하기 위해 찾아온 청년이 나누는 대화로 구성되어 있다. 노파가 청년에게 곁말을 잘 써야만 사위 자격이 있다고 말하자, 청년은 노파에게 계속해서 곁말을 쏟아낸다.

청년 : 난 또 무얼 집어 가지고 나가길래 부러진 칼이 들어온 줄 알았어요.
노파 : 아이고, 부러진 칼은 또 무언가?
청년 : 절도요.

노파 : 오라! 절도! 점점 입맛이 붙네, 그려.

청년 : 아니 왜 이 집안 식구들은 모두 그렇게 물장사합니까?

노파 : 물장사는 또 무어야?

청년 : 수상하냐 그런 말씀이올시다.

노파 : 이이고, 오라! 수상!

청년 : 난 또 거지가 들어온 줄 알고 붉은 부채를 하려고 그랬지요.

노파 : 아이고, 붉은 부채는 또 무어야?

청년 : 적선 말이올시다.

노파 : 아이고, 적선. 그래.

청년 : 그런데 저 손주 따님은 아직 무연탄 처녀입니까?

노파 : 무연탄 처녀라니?

청년 : 숯처녀냐, 그런 말씀이야요.[10]

곁말이나 엇말을 사용하는 아이들의 말버릇을 우려한 부모들이 넌센스 음반을 부수는 일이 많았을 정도로 넌센스 음반은 인기가 있었다. 넌센스 음반이 인기를 끌자 음반을 취입한 만담가들은 전국을 돌며 공연에 나섰다. '만담대회'로 불렸던 그들의 공연은 극장, 학교, 창고, 관공서 옥상, 시장, 지역 유지네 집 등 곳곳에서 자주 열렸고, 공연을 보기 위해 수많은 청중이 운집했다. 이렇게 넌센스 음반, 만담과 같은 희극 공연, 서양의 희극 영화 등이 인기를 끌었던 것은 당시 사람들에게

고적한 룸펜(『별건곤』, 1933년, 4월호).
년놈들! 팔자 좋다! 예—기럴, 여기는 내 자린가!

에로 그로 못지않게 웃음에 대한 욕구가 강했다는 것을 의미한다.

웃음에 대한 욕구가 강했던 이유로는 먼저 이 시기에 들어와 지식인과 청년층을 중심으로 비관적 풍조가 팽배해졌다는 사실을 들 수 있다. 사회는 더욱 폐쇄적으로 변해 갔고 경제는 공황으로 인한 불경기에 시달렸다. 그래서 고등교육을 받은 사람들도 직업을 구하지 못하고 룸펜으로 살아갈 수밖에 없었다. 그럴수록 사람들은 더욱 에로 그로에 탐닉했다. 에로 그로는 현실의 불만과 우울을 달랠 수 있는 일종의 도피처였기 때문이다. 에로 그로에 몰두하면서 그들은 사회에 대해서는 냉소적인 태도를 취했다. 이상을 추구하거나 계몽적 태도를 취하는 사람들에 대해서는 빈정거리기 일쑤였다. 『동광』에 실린 한 글은 당대 젊은이들의 이러한 태도를 '도피적 씨니씨즘'이라고 명명하고 있다.

> 나는 우리의 고로(古老)들과 같이 이러한 현상(에로 그로에 탐닉하는 현상을 가리킴: 인용자)을 핏대줄 올려가며 개탄하는 비모던은 아니다. 그 피상성을 경멸하고 그 경박성을 웃을지언정 국가대사라고 떠들고자 하는 희극배우는 아

니다. 그러나 '스마트'도 이런 종류는 그리 아쉬울 것이 없으되 다른 한 가지의 스마트가 있나니 이것은 실로 민족을 해하는 대적이라고 경종을 울리고 싶다. 그것은 다름 아니라 이름하여 도피적 씨니씨즘이다. (중략) 환멸이 우리를 침노한다. 정직한 사람, 성실한 사람, 민중을 위해 진심으로 애쓰는 사람은 결국 고생하고 손해보고 버림을 받는다. 그 대신 거짓말 잘 하는 사람, 남을 해하려고 밤낮 궁리하는 사람, 비굴한 사람, 겉으로 젠 체하고 속으로는 비열한 행동을 하는 사람, 민중을 파는 사람이 출세를 하고 환영을 받고 상좌에 앉고 무엇보다도 괴상한 것은 상당한 사업을 성취하는 것이다. 그래서 새로운 철학이 생겨난다. 모든 이상을 파괴하고 오직 '빈정거림'이 유일한 가치의 비판이 되고 만다.(「세태비평」, 『동광』, 1931년 6월 1일)

현실에 대한 환멸을 표현하기 위한 냉소적 웃음과 더불어 모던 생활자들에게는 도시생활에서 오는 피로와 신경증을 달래기 위한 웃음도 필요했다. '아무 이론의 질서도 없이 그냥 그저 뒤범벅으로 웃음을 자아내는 어린 아기의 어리광 같은' 웃음이나 카페 여급이 실어 보내는 '에로 그로 백퍼센트'의 웃음이 그런 역할을 할 수 있었다.

반면 그런 모던 생활자들을 비웃으려는, '해학성의 종횡무진함과 그 풍자성의 자유분방함'을 지닌 공격적인 웃음도 늘어갔다. 주로 도회인들이나 모던 보이들이 욕망했던 것이 '에로 그로'의 감각과 '에로 그로'가 버무려진 웃음이었다면, 근대적 문화로부터 소외되었던 사람들이 원했던 것은 따뜻한 해학적 웃음이나 근대적 풍경을 신랄하게 풍자하는 차가운 웃음이었다.[11] 짧은 분량에 당대의 세태를 신랄하게 공격하는 차가운 웃음을 담고 있는 넌센스는 흔하게 발견할 수 있다.

◇근대 영양(令孃) 기질

청년 : 옛날에 연인이 집 문 앞으로 휘파람을 불면서 하루종밤을 왔다갔다 했다니 그것 참 로맨틱한 일이지요.

영양 : 아이 참 바보 같은 짓도 했네. 젊은 여자가 밤에 집구석에 들어 앉아 있을까봐.(『삼천리』, 1933년, 9월호)

◇단처는?

막 결혼한 여자가 자랑삼아서, "우리 바깥양반은 여간 점잖지 않아. 담배 다 안 먹지, 말소리 높이고 해통해통하는 일이 도무지 없어."

그의 동무 모던 걸, "참 이 세상에 별 사람이 다 있군! 그러면 장차 이혼할 이유를 무엇으로 붙일 테야."(『별건곤』, 1931년, 10월호)

◇선생의 통계

선생 : 학생 중에 카페에 가는 사람 손 드시오, 그러면 딴스 홀에 가는 사람 손 드시오

이쪽 저쪽 두루두루 살폈으나 손 드는 학생 한 사람도 없

다. "아이구, 이제야 맘을 놓았소."(『삼천리』, 1933년, 9월호)

이혼식(『별건곤』, 1932년, 11월호).
결혼식이 있고 이혼식 없을 수 없다. 이혼식은 비창한 주악리에 주례자는 두 남녀의 목에 얽힌 연분의 줄을 지극히 엄숙하게 끊는 것이다.

인용한 첫 번째와 두 번째 넌센스는 모던 걸들의 사고방식을 비판하고 있다. 밤마다 유흥을 즐기기 위해 집에 붙어 있지 않고, 이혼을 쉽고 당연한 것으로 생각하는 모던 걸들에 대한 비웃음을 담고 있다. 세 번째 넌센스에서는 학교 교원들이 카페에 자주 출입했다는 것을 알 수 있다. 그러면서도 혹시나 카페에서 자기가 가르치는 학생들과 마주칠까 두려워하는 교원들의 심리를 꼬집고 있다.

조금 긴 넌센스 중에도 당대 여성들의 내면을 들여다볼 수 있는 것들이 있다. 다음에 소개할 것은 『별건곤』 1930년 8월호에 실린 「씨-크 광고술」이란 넌센스의 일부분이다. 어느 모던 걸이 전차에서 내리려는데, 한 남자가 그 여자의 가방이 자기 것이라고 주장한다. 실랑이가 오가자 그 남자는 그 가방 속에 무엇이 들어 있는지 서로 맞춰 보자고 제안한다.

이 말에 모껄(모던 걸 : 인용자)은 속으로 무엇 무엇이 들어 있는지 생각해 보았다. 그러는 동안에 신사는 "보일 치마가 하나." 하였다. 모껄은 깜짝 놀랐다. 보일 치마가 하나 들어 있는 것은 사실인데, 저 녀석이 대관절 어떻게 알았을까?

그러나 어쩔 수 없이 "실크 스타킹 한 켤레."

신사는 "바이런 시집 한 권."

그녀는 "모시 적삼 하나."

신사는 "빅토리아 밴드 한 벌."

전차 속은 웃음이 와락 터져 나오고, 그녀는 얼굴이 새빨개지며, "파인애플 한 통."

신사는 "처녀와 부인의 성생활."

또 웃음이 터져 나오며 그녀는 너무도 놀랍고 부끄러워 말을 하지 못하였다.

결국 싸움이 승부가 가려지지 않는 가운데, 그 남자는 전차 안에 있는 사람들에게 자신이 다른 사람의 생각을 투시할 수 있는 천리안을 가지고 있기 때문에 가방 속에 무엇이 있는지 맞출 수 있었다며, 사랑하는 사람의 마음을 알지 못해 괴로울 때는 자신을 찾아오라고 말한다. 그 남자는 자신의 천리안 능력을 광고하기 위해 일부러 소동을 일으켰던 것이다. 물론 과장이 섞인 우스개 소리겠지만, 인용된 부분을 보면 모던 걸들이 가방 속에 어떤 것을 가지고 다녔는지 알 수 있다. 몇 가지 옷가지들이야 그렇다 치고, 음반, 파인애플, 『처녀와 부인의 성생활』이라는 책을 넣어 다녔다는 대목에는 유행에 휘둘리

고 성에 대한 호기심이 가득한 여성들을 비꼬아 보려는 의도
가 묻어 있다. 여자의 가방 속 내용물을 확인하고 전차 안 사
람들이 터뜨리는 웃음은, 당대의 모던 걸들을 차갑게 바라보
는 사람들 사이에 번져 갔던 웃음이었을 것이다.

유행을 추종하는 세태를 풍자하는 넌센스 중에는 신불출의
만담을 빼놓을 수 없다. 신불출은 자신이 직접 쓴 만담을 통해
서 당대의 세태를 신랄하게 풍자함으로써 대중들로부터 최고의
만담가로 각광을 받았다. 다음은 그런 내용이 담겨 있는 「관대
한 남편」이란 독만담의 일부분이다.

유행! 종로는 유행군(流行軍)의 진열장이외다. 이 위독한
유행병 환자들을 수용하고 있는 경성은 의사를 잃어버린 하
나의 커다란 병원이기도 합니다. 대체 유행이란 것은 일부
일침(一浮一沈)하는 시대적 현상인 동시에 개성문화에 대한
반역적 행동에서부터 우러져 나온, 다시 말하면 옛 탈을 벗
고, 새 탈을 쓰자는 것이 현대적 성격의 한 특징일 수 있는
것이매 모름지기 모던 보이와 모던 걸이란 새로운 유행 병
사들의 대진군을 우리는 그야말로 기를 높이 들고 만세 환
호라도 해주어 마땅한 일일 수 있음 직하되 흔히 우리 형제
자매 제씨들 중에는 모던이란 무엇인지도 모르고서 덮어 놓
고 남이 하니까 나도 나도 하고 맹목적 추종으로 이매망량
이 탈을 쓰고 나와서 가끔 사람으로 하여금 졸도 미수를 하
게 되는 수가 많습니다. (중략) 어떤 험구는 모던 보이, 모던

걸을 조선말로 햇잡놈, 햇잡년이라고도 하였다지만 근래에
는 유행 홍수의 범람으로 군자 숙녀의 발 디딜 자리조차 없
어졌습니다. (중략) 의상미라고 하는 것은 색이요, 선이니 품
질의 우열은 둘째 문제로 하더라도 먼저 기본 조건은 체격
에서 좌우되는 것이라고 봅니다. 현대 문화가 온통 서양풍
이라 하더라도 우리가 동양혼을 떠날 수 없는 몸뚱아리들인
한에는 동양적 취미를 벗으려저서는 그것이 아무리 개인의
기호라 할는지 모르나 완전한 서양 노예 혹은 양노종(洋奴種)
이라고밖에는 더 부를 수 없습니다.(『삼천리』, 1935년, 9월호)

이 만담은 『삼천리』라는 잡지에 소개된 것인데, 첫머리에
는 기자가 만담을 소개하는 짤막한 설명이 붙어 있다. 그 기자
는 신불출의 만담은 글로써는 도저히 표현할 수 없다고 말한
다. 직접 듣지 않고서는 신불출의 만담이 지닌 참맛을 이해하
기 어렵다는 것이다. 이는 매우 중요한 지적이라고 할 수 있는
데, 잡지에 실린 소화나 넌센스는 덜 하지만, 만담의 형식으로
전달되는 넌센스는 주로 청각에 의지하는 것이다. 신문, 잡지
의 넌센스보다 음반으로 발매된 넌센스, 즉 만담이 더 큰 인기
를 차지했던 것을 보면, 이 당시의 넌센스는 시각보다는 주로
청각을 통해 전달되었다고 볼 수 있다. 에로 그로가 주로 시각
을 자극한 반면, 넌센스는 주로 청각을 자극했다. 만담이 지식
인 계층보다 민중들에게 더 큰 호응을 얻었던 것은 바로 이러
한 이유 때문이라고 생각된다.

그때까지도 맥루한이 말한 복합감각적 인간이었던 대다수 민중들에게는 시각보다는 청각이 더 친근한 감각이었다. 그들은 신문, 잡지마저도 청각으로 수용하는 계층이었다. 만담이 주로 민중들에게 열렬한 지지를 받게 됨에 따라 만담의 내용 또한 그들에게 맞는 내용이 채택되었다. 계몽적 입장에서 아직 문명의 혜택을 받지 못한 민중의 우매함을 지적하기보다는 지식인이나 모던 보이, 모던 걸, 에로 그로로 대변되는 당대의 향락적 세태 등을 풍자하는 데 초점을 맞췄다. 인용한 신불출의 만담에서도 서양 추종적 세태를 비판하고 동양의 혼을 잃어서는 안 된다고 역설하고 있는데, 이는 당시 민중의 정서에 부합하는 것이라고 할 수 있다. 또한 청각에 의지하는 넌센스는 민중들에게 전통적 축제 분위기를 상기시켰다. 떠들썩한 가운데 상류 계급을 풍자하는 전복적 순간이 넌센스에 의해 이루어질 수 있었다. 지식인들은 배우들이 무당이나 광대와 마찬가지로 천박하게 되었다고 개탄하고 있었지만, 오히려 민중들은 배우들의 그러한 모습을 더욱 친근하게 받아들였다.

1920년대 후반부터 이루어진 매체의 근대화와 흥행물의 확산에 따라 외래적인 대중문화와 전통적인 민중문화는 공존하고 경쟁하면서 사람들 속으로 퍼져나갔다. 에로 그로로 대변되는 근대적 감각들이 주로 상류층의 정서에 맞는 것이었다면, 넌센스는 주로 민중의 정서를 더 민감하게 자극했다. '넌센스'의 웃음은 '에로 그로'와 결합되어 냉소주의나 도피주의

가깝고도 먼 거리(『별건곤』, 1932년, 6월호).
남자의 추근추근한 꼴만 당하든 모던아가씨. "하
필 남 앉은 자리에 와서 바짝 붙어 앉을 게 뭐요.
참 우스워 죽겠네." "천만의 말씀이오. 염려 마십
시오. 당신과 나와는 거리가 머외다."

로 이어지기도 했지만, '에로 그로'를 해체하기 위한 의도로 사용되기도 했다. 따라서 '넌센스'에 담긴 웃음의 종류는 다양할 수밖에 없었고, 이는 감각적이고 근대적인 대중문화와 축제적 민중문화가 공존하고 있었던 당시의 상황에서 비롯된 것으로 보인다.

1920년대를 우울과 고독 속에서 개인의 문제에 탐닉했던 '눈물의 시대'라고 표현하는 것이 가능하다면, 1930년대는 '웃음의 시대'라고 할 수 있다. 에로 그로가 넌센스를 통해 웃음과 결합되기도 했지만, 에로 그로를 해체하려는 웃음 또한 넌센스에 담겨 있었다. 넌센스는 자극광 시대의 도피처이자 돌파구였다.

이상과 채만식의 문학 속 에로 그로 넌센스

당대의 작가들이 에로 그로 넌센스에 매우 민감하게 반응하고 있었다는 것은 이미 지적한 바 있다. 여기에서는 그 중 가장 대표적인 작가라고 할 수 있는 이상과 채만식의 작품을 살펴보려 한다. 특히 두 사람의 작품은 각각 넌센스의 웃음이 시와 소설에서 활용될 수 있는 최대치를 보여주고 있다.

웃음에 맞서는 웃음 : 이상의 「흥행물천사」의 경우

시간이 흐르고 축제가 일상으로 스며들수록 축제가 지닌 민중문화적 속성은 급진성을 상실해 갔다. 많은 사람들이 무료함을 달래기 위해 마작, 빌리야드, 골프, 카페, 활동사진, 연극을 통해 에로 그로와 넌센스가 결합된 자극으로 이루어진 축제를 즐겼다. 그러한 축제는 도시에서 얻은 신경병을 다스리려는 개인적 욕망을 만족시키기 위한 것일 뿐, 신성한 것에 대한 의지나 현실에 대한 전복성은 담겨 있지 않았다.

1930년대 중반에 이루어진 이상의 문학 또한 '에로 그로 넌센스'적 자극에 민감하게 반응하고 있다. 이상은 도시 거리에서 이루어졌던 그와 같은 축제를 바라보며 언어의 축제를 백지 위에 펼쳐 놓는다. 그러나 그가 벌이는 언어의 축제는 '에로 그로 넌센스'의 타락으로 이루어진 축제를 비웃고, 축제의 급진성과 전복성을 회복하려는 의도에서 이루어진 것이다. 그는 껍질만 남은 축제, 전복성을 상실한 축제를 비웃으며 '에로 그로 넌센스'의 극단까지 나아갔다.

이상은 그러한 행위를 언어를 통해 실현해 보였다. 이를 위해 그는 가장 차갑고 공격적인 웃음으로 거리의 '에로 그로 넌센스'를 비웃는다. 그러므로 그의 글쓰기는 대부분 '웃음의 언어'로 이루어져 있는 또 다른 넌센스이다. '웃음의 언어', 전통적 축제의 유산을 지니고 있는 넌센스만이 가장 급진적인 언어의 축제를 실현할 수 있는 무기이기 때문이다. 그의 넌센스에는 현실과 사유뿐만 아니라 언어 자체마저 농담의 대상으로 삼고, 새디즘에까지 이르는 냉소적 웃음이 번뜩이고 있다.[12]

그러한 웃음이 최고조에 이른 「오감도」는 시의 시각화를 통해 시각 중심적 문화를 비웃고자 하는 시도라고 볼 수 있다.

숫자와 기호로만 이루어진 시들은 시각 중심적 근대문화 속의 시가 나아갈 수 있는 최대치를 보여주고 있다. 이를 통해 시는 유기체성을 잃고 기계처럼 건조해지고, 끝내는 죽어버린다. 베르그송은 웃음의 원인이 "살아 있는 어떤 것 위에 덮여 있는 껍데기"라고 말한다. 인간적인 것이 경직되면서 기계적이고 반복적인 것이 될 때 웃음이 생겨난다. 이상은 시에 기계적인 껍데기를 씌어 버리고, 혼자서 웃는다. 「오감도」 이전의 작품에서도 그러한 웃음을 발견할 수 있다. 1931년에 발표된 「흥행물천사(興行物天使)」라는 작품에는 흥행물이 발산하는 '에로 그로 넌센스'를 '에로 그로 넌센스'의 언어로 비웃고자 하는 그의 욕망이 드러나 있다.

정형외과(整形外科)는여자의눈을찢어버리고형사(形使)없이늙어빠진곡예상(曲藝象)의눈으로만들고만것이다.여자는실컷웃어도또한웃지아니하여도웃는것이다.

여자의눈은북극(北極)에서해후(邂逅)하였다.북극(北極)은초겨울이다.여자의눈에는백야(白夜)가나타났다.여자의눈은바닷개(海狗)잔등과같이얼음판위에미끄러져떨어지고만것이다.

세계(世界)의한류(寒流)를낳는바람이여자의눈물을불었다.여자의눈은거칠어졌지만여자의눈은무서운빙산(氷山)에싸여있어서파도(波濤)를일으키는것은불가능(不可能)하다.

여자는대담(大膽)하게NU가되었다. 한공(汗孔)은한공만큼의
형자(荊刺)가되었다. 여자는노래부른다는것이찢어지는소리로
울었다. 북극(北極)은종(鍾)소리에전율(戰慄)하였던것이다.

거리의음악사(音樂師)는따스한봄을마구뿌린걸인(乞人)과
같은천사(天使). 천사는참새와같이수척(瘦瘠)한천사를데리고
다닌다.

천사의배암과같은회초리로천사를때린다.
천사는웃는다, 천사는고무풍선(風船)과같이부풀어진다.

천사의홍행(興行)은사람들의눈을끈다.
사람들은천사의정조(貞操)의모습을지닌다고하는원색사진
판(原色寫眞版)그림엽서를산다.

천사는신발을떨어뜨리고도망(逃亡)한다.
천사는한꺼번에열개이상의덫을내어던진다.

일력(日曆)은쵸콜레이트를늘인(增)다.
여자는쵸콜레이트로화장(化粧)하는것이다.

여자는트렁크속에흙탕투성이가된즈로오스와함께엎드러
져운다.
여자는트렁크를운반한다.

여자의트렁크는축음기다.

축음기는흡입(喇叭)과같이홍(紅)도깨비청(靑)도깨비를불
러들였다.

홍도깨비청도깨비는펜긴이다.사루마다밖에입지않은펜긴
은수종(水腫)이다.

여자는코끼리의눈과두개골크기만큰한수정눈을종횡(縱橫)
으로굴리어추파(秋波)를남발(濫發)하였다.

여자는만월(滿月)을잘게잘게썹어서향연(饗宴)을베푼다.
사람들은그것을먹고돼지같이비만(肥滿)하는쵸콜레이트냄
새를방산(放散)하는것이다.(이상,「흥행물천사(興行物天使)」,
전문)

이 작품에 등장하는 '천사'는 이상의 수필 「실락원」에 나오
는 천사와 닮아 있다. 두 작품에서 에로틱하고 그로테스크하
게 묘사된 천사의 이미지는 카페의 여급이 발산하는 '에로 그
로'의 이미지와 겹쳐 있다. 1929년 『별건곤』에서 카페에 관해
이야기하고 있는 글을 보면, 카페에 몰려든 대학생들이 카페
의 여급을 유혹하기 위해 이러한 시를 읊는다. "오-나의 어여
쁜 천사여!/ 오늘밤만은 내 침실로 날아오라./ 내일아침 무덤
가 돌베개를 껴안더라도/ 내 팔에 남은 그대의 연한 무게가/
얼마나 아름다운 꿈이랴!" 카페에 몰려든 실업가, 점원, 학생,

중학교 선생, 기자, 모뽀, 부랑자들은 카페 여급의 '에로'에 매혹되어 있다. 그들에게는 술에 취해 비틀거리는 카페 여급의 몸놀림마저도 황홀할 지경이다.

「실락원」에서 천사가 사는 곳인 '파라다이스'는 카페에 대한 은유이다.13)『별건곤』의 글은 카페에서 선풍기 바람에 날리는 향수와 연기마저도 키스처럼 감미로운 것으로 묘사하고 있다. 카페의 '에로'에 매혹된 사람들이 마셔댄 병과 대접은 '시체'처럼 쌓인다. 이 글에 나오는 '키스'와 '시체'의 이미지는 「실락원」에서는 천사의 키스와 시체로 변형되어 있다.

당시 카페 여급만 '천사'의 이미지를 획득했던 것은 아니었다. '에로'를 발산하고 있는 것은 모두 천사가 될 수 있었으며, 영화에 등장하는 서양 여배우와 스타로 떠올랐던 홍행물 여배우 또한 카페 여급만큼의 에로를 발산하고 있었다. 홍행물을 통해 순식간에 많은 여배우들이 대중의 우상이 되었지만, 그들의 생활은 여전히 빈곤했다. 그래서 많은 여배우들이 카페의 웨이트레스가 되었다. '엔젤'이라는 카페에 모여 있었던 전직 여배우들이 바로 '홍행물천사'였다. 물론 여급이 되어야만 '천사'의 이미지를 지닐 수 있었던 것은 아니다. 활동사진이나 유성기 음반 속에도 천사는 있었다.

이상은 수필 「산촌여정」에서 활동사진을 보기 위해 모여든 시민들을 "축음기(蓄音機) 앞에서 고개를 갸웃거리는 북극(北極) 펭귄새"라고 묘사한다. '북극'과 '펭귄'의 이미지는 이미 「홍행물천사」에서 이상이 성취한 것이다. 또『별건곤』1930년 8월

호에 「아스팔트를 걷는 친구」라는 제목으로 실린 넌센스에서
도 "C 극장 앞에는 너절한 간판 그것과 꼭 같이 너절한 친구
들이 모여 서서 너절한 간판을 구경하고 있다. D 상점의 축음
기에 붙잡힌 백여 명의 친구가 입을 떡 벌리고 섰는"이라는
구절을 발견할 수 있는데, 당시에는 이러한 풍경을 흔히 볼 수
있었다. 「흥행물천사」에서는 그러한 이미지들이 더욱 그로테
스크한 모습으로 나타나고 있다. '유성기'는 도깨비를 불러들
이는 트렁크로 그려지고 있다. 흥행물 속 천사가 발산하는 '에
로 그로'와 그것에 매혹된 사람들이 느끼는 취기는 '쵸콜레이
트'라는 끈적끈적한 물질적 이미지로 나타나고 있다.

　이 작품에서 흥행물 천사는 "실컷 웃어도 또한 웃지 아니하
여도 웃는"다. 이 웃음이야말로 타락한 '에로 그로 넌센스'의
웃음이다. 사람들은 그 웃음에 매혹되지만, 그것은 이미 상업
화된 웃음, 억지 웃음일 뿐이다. 그것은 '곡예' 공연에 사용되
는 연출된 웃음이고, 이상식의 언어유희대로라면 '곡예상(曲藝
商)'의 웃음이기 때문이다. '매소부(賣笑婦)'라는 말이 오래 전
에 있었듯, 그러한 웃음은 이미 오래 전부터 존재했었다. 최초
로 상업화된 웃음인 이 웃음은, 1930년대에 이르면 카페와 흥
행물을 통해 복제되고 대량생산되기 시작한다. 이 시기에 이
르면 '웃음'마저 자본주의 체제 속에 편입되고 있다. 복제를
통해 대량생산되는 이 웃음은 축제적 웃음으로부터 멀어진 채
성적 매혹만을 강력하게 발산하고 있는 웃음이다. 그러므로
그 웃음은 웃음인 동시에 웃음이 아니다. 그것은 아무 의미도

없는, 아무런 급진성이나 전복성도 지니지 못한 공허한 웃음이기 때문이다. 이상은 그러한 웃음을 비웃는다. 카페와 흥행물의 이미지를 에로틱하고 그로테스크하게 변주하면서 웃음에 웃음으로 맞선다.

넌센스의 소설화 : 채만식의 풍자소설

채만식의 풍자소설에도 넌센스와 마찬가지로 웃음이 담겨 있는데, 그의 풍자 안에 담겨 있는 '즐거움'이나 '웃음'에 대해서는 깊이 논의되지 않았다. 그러나 훌륭한 풍자는 비판과 교훈뿐만 아니라 즐거움이 동반될 때 영원한 생명을 얻을 수 있다.[14] 그래서 풍자가는 풍자 대상을 비난하면서도 결코 웃음을 잃지 않는다. 웃음은 풍자의 효과일 뿐이라고 생각하는 것이 일반적인 경향이지만, 오히려 웃음은 풍자의 효과가 아니라 풍자에 꼭 필요한 요소이다.

N. 프라이에 따르면 웃음은 맹목적인 비난과 풍자를 가르는 경계가 된다고 한다. 풍자가는 풍자 대상에 대한 자신의 비난이 정당하다는 것을 독자에게 설득시키려고 하는데, 맹목적인 비난과 욕설에서는 풍자가의 주관성이 강하게 드러나기 때문에 풍자가의 신뢰도는 떨어지게 된다. 따라서 풍자가는 자신의 신뢰도를 높이기 위해 자신이 풍자 대상보다 우월하다는 것을 알리려 하고, 이를 위해 풍자대상을 비난하되 웃음을 잃지 않으려고 노력한다. 웃음은 동조와 설득에 중요한 역할을

하기 때문이다. 베르그송에 따르면 웃음은 같이 웃는 집단이 있기 때문에 가능하다. 사람들은 웃음을 통해 자신들이 같은 집단에 소속되어 있다는 것을 확인한다.

　말하자면 풍자가는 독자의 설득과 동의를 끌어내고 자신의 도덕적 우월성을 내보이기 위해 풍자 대상에 대해 웃음으로써 상대하며, 이 웃음 안에는 이미 비난이 섞여 있다. 그러므로 풍자는 웃음의 한 종류라고 볼 수도 있다. 풍자는 혐오(ridicule) 에 가까운 것이지만, 혐오와는 구분된다. 혐오는 곧 냉소라고도 볼 수 있는데, 냉소는 지독한 혐오감에서 현실 전체를 적으로 돌리고 나 혼자 이 편에 서서 웃는 극단적인 종류의 웃음이다. 그에 비해 풍자는 순수한 웃음도, 냉소도 아니며, 선·악을 가리는, 비판적인 성격을 띠는 웃음의 한 가지 형태이다.

　풍자를 기법이 아닌, 비난의 성격이 짙은 웃음의 한 양상으로 이해할 경우, 풍자와 냉소를 가르는 것은 작가의 태도이다. 작가의 태도는 비난 대상의 일관성 여부로 판단할 수 있다. 풍자는 비난대상이 한 곳에 집중될 때 드러나기 쉽고, 비난대상이 분산되는 경우 작가의 태도는 냉소에 가까워진다.

　채만식의 소설에서 풍자성이 강한 작품은 「태평천하」「미스터方」「치숙」「소망」 등이다. 이들 작품은 비난대상이 일관되어 「태평천하」「미스터方」의 경우에는 구조적 원리에 의해서, 「치숙」「소망」의 경우에는 형식실험에 의해 웃음이 유발되고 있다. 반면 「레디메이드 인생」「명일」의 경우에는 냉소에 가까운 웃음이 발견된다.

채만식의 풍자소설에서 또 한 가지 주목할 만한 것은, 그의 풍자소설들이 청각적 전통과 깊이 관련돼 있다는 사실이다. 「태평천하」에는 판소리와 같은 전통예술을 수용한 흔적이 보이고, 희곡이나 대화소설, 독백이나 대화로 되어 있는 「치숙」이나 「소망」과 같은 풍자소설들도 시각보다는 청각을 더 자극한다. 이는 당시의 세태를 비판하는 넌센스의 웃음이 청각에 의지했던 것과 대응된다.

구조에 의한 웃음 : 「태평천하」「미스터 방」

채만식 소설의 인물들은 모두 교활한 척하지만 실은 어리석은 악한들이다. 그들은 자신의 이익을 우선시하며, 이를 위해 때로는 남을 짓밟기도 한다. 이들은 다른 사람에게 상처를 입혀서라도 이익을 얻으려 하지만, 결국 그들의 의도는 좌절된다.

폴슨에 따르면 악한 자나 어리석은 자와, 선한 자 사이의 어떤 관계들은 풍자에 고유한 것이다. 특히 악한이 나타나는 풍자의 경우, 풍자가는 그들의 어리석음을 비난하기 위해 그들을 좌절시키며, 이에 따라 이야기는 '죄 지은 자의 징벌'이라는 구조로 이루어진다. '죄 지은 자의 징벌'이라는 구조는 풍자의 이중적 성격, 곧 '비난'과 '웃음'을 드러내기에 안성맞춤인 구조라고 할 수 있다. 풍자가는 악한이 어리석음에 의해 스스로 파멸하도록 이야기를 구성함으로써 비난과 웃음을 동시에 구사할 수 있다.

「태평천하」의 윤직원은 지주이자 고리대금업자로서 일제 치하의 사회를 '태평천하'로 생각하며 일제 지배자에게 감사하는 반면, 제 민족과 제 민중에 대해서는 적대적인 태도를 취한다. 일제의 경찰서 무도장 건립을 돕고 중국을 침략하는 일본에 박수를 아끼지 않는 윤직원의 모습에서 그가 제 일신의 안위만을 챙기려는 속물근성의 소유자임을 알 수 있다.

그의 속물근성은 자신의 건강을 위해서 온갖 수단과 방법을 가리지 않는 모습에서 극에 달한다. 그는 진시황이 영생불사를 위해 불사약을 구하러 보냈던 것처럼 자신의 건강을 위해 갖가지 보약은 물론, 어린아이의 오줌까지도 마다하지 않는다. 진시황이 만리장성으로 나라를 길이 지키고 불사약을 먹어 영예를 무궁토록 누리려 했듯이, 윤직원은 만석꾼의 가산을 더욱 늘리고 지키면서 '오줌을 먹고 보건체조를 하고 보약을 먹어' 가장의 영예를 무궁토록 누리고자 한다.

윤직원은 속물근성의 소유자일 뿐만 아니라 하층민들을 괴롭히는 악한이기도 하다. 그는 스스로 이용한 인력거꾼, 부리는 아이, 데리고 다니는 기생, 자기 땅의 소작인 등에게 적당한 대가를 지불하지 않을 뿐더러, 하인이나 노동자는 자기와 같은 상전에게 헌신적으로 봉사해야 하며 어떤 대가를 바라서는 안 된다고 생각한다. 또 그는 소작인들을 착취하면서도 오히려 선심을 베푸는 듯 여기며, 주로 고리대금업에 의해 재산을 축적한다.

친일과 착취로 부를 축적한 윤직원은 다시 권세와 명예를 얻기 위해 '네 가지 사업'을 벌인다. 족보 도금하기, 사회적 직함 얻기, 가문의 양반결혼, 자손들을 군수와 경찰서장으로 만들기가 그것이다. 그러나 그의 계획은 무너지기 시작한다. 아들과 손자는 방탕으로 재산을 낭비하고, 족보의 도금도 실현되기는 하나 별 의미를 띠지 못한다. 양반과의 결혼은 가정의 불화를 초래할 뿐이고, 군수와 경찰서장의 배출 문제도 난국을 맞게 된다. 게다가 손자 종학이 윤직원의 말대로라면 '부랑 당패' 집단인 사회주의에 가담했다가 체포됨으로써 윤직원의 부와 안정은 일시에 붕괴된다.

「미스터方」의 방삼복은 삼십이 넘도록 머슴살이를 하다 돈벌이를 한답시고 일본으로 훌쩍 떠난다. 일본, 중국 등지를 떠돌다 칠팔 년 만에 돌아온 그는 종로 복판에서 구두를 고치는 신기료장수로 하루하루를 살아간다. 그러던 중 광복을 맞게 되는데, 독립에 대한 방삼복의 태도는 그의 속물근성을 여실히 드러낸다.

그러나 며칠이 못 가서 삼복은 다시금 해방을 저주하여야 하였다. 삼복이 저 혼자만 돈을 더 받으며, 더 받아 상관이 없는 것이 아니라. 첫째 도가(都家)들이 제 맘대로 재료 값을 올리던 것이었었다. 징, 가죽, 고무, 실 모두가 오곱 십곱 비싸졌다. 그러니 신기료장수는 손님한테 아무리 비싸게 받는댔자, 재료를 비싼 값으로 사야하니, 결국 도가만 살찌

울 뿐이지, 소득은 전과 크게 다를 것이 없었다.

"이런 옘병힐! 그눔에 경제겐 다 어디루 가 뒈졌어. 독립
은 우라진다구 독립을 헌담." (채만식, 「미스터 방」, 『채만식
전집 7』, 민음사, p.295)

독립이 되었는데도 기뻐하기는커녕 소득이 전과 다를 바
없다는 이유로 독립을 부정하는 방삼복의 태도에서 그가 이기
적인 속물근성의 소유자임을 짐작할 수 있다. 해방 후 미군정
이 들어서자 그는 상해에서 익힌 토막영어의 덕택으로 미군장
교의 통역이 되는 기회를 얻는다. 미군정기 미군의 통역은 여
러 가지 이권에 개입할 수 있는 특권을 가진 위치에 있었다.
방삼복은 이를 이용해 세도를 부리며 뇌물을 챙겨 재산을 축
적한다. 주로 그에게 청탁하는 이들은 권력과 재산을 잃어버
린 친일 지주계급이었는데, 방삼복은 이들에게 이권을 넘겨주
고 이익을 챙기며 간접적으로 하층민을 수탈하는 악행을 일삼
았던 것이다. 그러나 그는 양치질한 물을 미군장교의 얼굴에
뱉는 사소한 실수로 자신의 지위를 한꺼번에 잃고 만다.

「태평천하」 「미스터 방」은 주인공들이 속물근성의 소유자
이며 악행을 저지르다 자신의 어리석음이나 실수로 인해 스스
로 파멸하는 구조로 되어 있다. 앞서 살핀 것처럼, '죄 지은 자
의 징벌'이라는 구조는, 풍자의 이중적 속성을 효과적으로 드
러내는 구조라 할 수 있다. 비난 대상을 일관되게 유지할 수
있고, 구조 자체를 통해서 웃음이 유발되기 때문이다.

형식실험을 통한 풍자 : 「치숙」「소망」

「태평천하」「미스터方」과 마찬가지로 「치숙」「소망」도 풍
자성이 강한 작품으로 볼 수 있다. 이 작품들도 비난대상이
일관되기 때문이다. 그런데 「태평천하」「미스터方」과는 달리
「치숙」「소망」에서는 실험적 형식을 통해서 웃음이 유발된
다. 두 작품에서 부정적 인물이 긍정적 인물을 비난하는 데
서 생기는 아이러니의 효과는 실험적 형식을 통해서 구체화
되고 있다.

「치숙」의 '나'는 당대의 질곡을 슬기롭게 극복하면서 아주
현명하게 살아가고 있는 것으로 착각하고, 제법 현명한 척 하
면서 아저씨의 무능과 어리석음을 늘어놓고 있다. 화자가 늘
어놓고 있는 이야기에 따르면, 화자는 현명하고 아저씨는 그
야말로 형편없는 인물이다. 그러나 입심 좋게 떠들어대는 '나'
는 '사회주의', '십년적공', '대학교' 등 제법 유식한 단어를
구사하면서도, 그 내용을 살펴보면 이치에 맞는 것이 드물다.

오히려 화자의 요설은 그가 타락하고 속물적인 인간임을
드러낸다. 무능한 아저씨로 인해 성가시다는 이야기나, 내지
인으로 동화되어 내지인처럼 살고 싶다는 말에서 그것을 확인
할 수 있다. 화자는 일제의 우민화 정책에 순응하려는 자이며,
화자가 아저씨를 비판한 것은 아저씨가 그렇게 살지 않으려
하기 때문이다. 화자가 신나게 떠들어대는 말을 들어보면, 작
가가 화자에 대해서 반어적으로 야유하고 있음을 알 수 있다.

그런데 이 공격은 대부분 이야기체로 이루어진 실험적 형식에 의해서 유도된다. 화자의 긴 요설은 화자의 무지를 드러냄으로써 오히려 그가 부정적인 인물이라는 판단에 이르게 한다. 또한 화자가 불특정한 청중들과 대화를 취하고 있는 듯한 형식은, 그것이 화자 자신의 편견이 개입된 독백일 뿐임이 밝혀짐으로써 웃음을 유발한다. 이 작품의 화자는 의사소통의 의도가 전혀 없고 자기의 억지 주장을 늘어놓으려 하면서도, 애써 대화를 가장하고 있는 것이다. 그래서 이 작품은 코믹한 모노드라마와 같은 효과를 낳고 있다.

일종의 형식실험이라고도 할 수 있는 이러한 파격은 「소망」에 이르면 더욱 극대화된다. 「소망」은 남편이 정신병에 걸렸다고 믿는 여인이 어느 여름날 저녁 의사의 아내인 친언니에게 긴 이야기를 늘어놓다가, 형부가 들어올 때 이야기를 마치는 형식으로 되어 있다. 그런데 일반적 소설형식과는 달리 「소망」은 처음부터 끝까지 오직 화자인 여인과 여인의 언니, 두 사람의 대화 내용만으로 이루어져 있다.[15] 이를 위해 「소망」에서는 대화 상황에 대한 서술과 인물의 행위가 대화 내용 안에 함축적으로 통합되어 있다.

①아이, 저녁이구 뭣이구 하두 맘이 뒤숭숭해서 밥 생각두 없구……./ 괜찮아요, 시방 더우 같은 건 약관걸.

②응, 글쎄, 그애 아버지 말이우. 대체 어떡하면 좋아! 생각허면 고만.

③냉면? 싫여, 나는 아직 아무 것두 먹구 싶잖어. 그만두구서 뭣 과일집이나 시언하게 한 대접 타주. 언니는 저녁 잡셨수? 이 집 저녁허구는 꽤 일렀구려./ 아저씨는 왕진 나가셨나 보지? 인력거가 없구, 들어오면서 들여다보니깐 진찰실에도 안 기실 제는……./ 옳아, 영락없어. 그 아저씨가 진찰실에두 완진두 안 나가시구서, 언니허구 마주 안 붙어앉었을 때가 있다가는 큰일나라구?/ 원 눈두 삐뚤어졌지. 우리 언니 저 아씨가 어디가 이뿐 디가 있다구 그래애! 시굴뚜기는 할 수 없어. 아따 저 누구냐 '쇠알'? 읽은 지가 하두 오래돼서 다아 잊었네, 뭣이냐 보바리이 부인 남편 말이야……./ 허는 소리 좀 봐요. 늙어가는 동생더러 망할 년이 뭐야? 하하하.

④내가 웃기는 웃는다마는, 남의 정신이지 내 정신은 하나두 아니야.

⑤양복장 새루 마쳤다더니, 벌써 들여왔구려. 아담스럽게 이뿌우./ 제엔장! 나는 더러 와서 언니네가 모두 이렇게 재미나게 사는 걸 본다치면, 새앰이 나구 속이 상해 죽겠어./ 무얼? 양복장을 하나 사주겠다구? 언니두 참! 누가 그까짓 양복장 말이우?/ 그런 건 백날 없어두 좋아. 낡으나따나 한 개 있으면 고만이지 머./ 가난해서 좀 고생허구 그러는 건 아무렇지두 않아요.(『채만식 전집 7권』, 창작과비평사, 1989. p.336.)

이 작품의 첫머리부터 시작되는 위의 대화에 드러난 상황설정을 풀어서 설명하면 다음과 같다. 어느 여름날 저녁 한 여인이 의사를 남편으로 둔 언니를 방문한다—언니의 집은 병원과 한 채로 되어 있고, 언니의 남편은 왕진을 나갔다—언니의 남편은 시골출신이고, 화자인 여인은 『보바리 부인』을 읽었을 정도의 교육을 받았다—언니는 동생에게 양복장을 사줄 수 있을 만큼 넉넉한 형편이나, 여인네는 가난하다. 그런데 이와 같은 첫 상황설정이 대화의 내용 안에 자연스럽게 포함되어 있다.

또한 대화를 통해서 다음과 같은 인물의 행위를 머릿속에 그려 볼 수 있다. 여인이 언니의 집 안으로 들어온다—언니가 저녁식사와 부채를 권한다—여인이 진찰실과 이 방, 저 방을 기웃거린다—언니가 웃는다—여인은 양복장을 바라본다. 인물의 행위를 드러내는 서술은 전혀 없지만, 독자는 자연스럽게 인물의 행위를 떠올릴 수 있다.

위와 같이 대화의 상황과 인물의 행위가 대화 내용 안에 통합되면, 대화의 내용에는 두 가지 이질적인 요소가 교차하게 된다. 그 하나는 화자가 의도를 드러내는 요소이고, 또 하나는 대화 현장에 지시적인 기능을 나타내는 요소이다. 위의 인용문에서 보자면, 화자의 의도를 드러내는 요소는 ①, ②, ④이다. 여인이 남편의 기행(奇行)을 설명하는 것이 이 소설의 주요소이기 때문이다. 반면 ③과 ⑤는 대화 상황과 인물의 행위를 대화 내용 안에 통합시켜 이 소설이 처음부터 대화내용만으로 시작할 수 있게 해 준다.

텍스트가 위와 같이 시작된 후, 여인은 남편 이야기를 늘어놓는다. 대화의 특성상, 시제는 과거와 현재를 자유로이 오가며, 여인은 자신의 속내를 마음껏 드러낸다. 그런데 여인의 일방적 이야기만 계속된다면, 언니의 존재가 아예 사라져 이 소설은 「치숙」과 같은 독백 형식이 되고 말 것이다. 그래서 대화가 이어지고 있다는 것을 드러내기 위한 말들이 삽입된다.

①네에 옳습니다. 이번에는 언니한테 졌습니다.

②옳아. 언니 시방 하는 말이 맞았어.

③거봐요! 언니네는 갈 맘이 꿀안 같어두 못 가잖아.

④이거 봐요, 글쎄, 오늘은 이런 재주를 다아 부려 보잖었겠수?

⑤글쎄, 그 이 하는 짓을 좀 봐요.

⑥그러나저러나 어떡 허면 좋수? 이 일을······.

⑦날더러 그 이를 이해 못 한다구.

⑧신문사 나온 거?

⑨생활비?

⑩병원? 진찰?

위와 같은 말들이 중간 중간에 삽입되어, 독자는 여인과 언니가 서로 말을 나누고 있다는 것을 확인할 수 있다. 위의 인용문은 그 성격에 따라서 동의, 지칭·명령, 화제제기의 세 가지로 분류할 수 있다. ①~②는 상대방의 말에 대한 화자의 동의를 나타내는 문장이다. 이 문장들은 대화의 상대방이 마냥 침묵하고 있지 않으며 대화를 거들고 있음을 드러낸다.

③~⑤는 각각 '언니'라는 대화 상대를 가리키는 말이 들어 있거나, 화자가 상대방에 대해 명령하는 형식을 취하고 있다. '언니'라는 지칭이나 명령문은 자연스럽게 대화 상대방이 여전히 존재한다는 것을 알린다.

⑥~⑦은 의문문으로 되어 있는데, 앞으로 이어갈 화제를 제기하는 역할을 한다. 이 문장들은 화자가 일방적으로 이야기 주제를 선택하지 않고, 상대방의 물음에 반응하면서 대화를 이어가고 있다는 것을 나타낸다. 상대방의 의견이나 질문을 무시한다면 대화 자체가 성립되지 않기 때문이다. 이러한 특성 때문에 대화는 인과관계에 의한 플롯을 구성하기 어렵고, 자칫하면 이야기가 엉뚱한 곳으로 흘러가게 될 수도 있다. 대화 양식을 전망이 일관되게 드러나기 어려운, 소설의 불완전한 형식이라고 보는 것도 그 때문이다.

그러나 「소망」의 작가는 상대방의 질문이 화자의 주제에서 크게 벗어나지 않고, 오히려 화자의 주제를 보충해가는 역할을 떠맡도록 상대방의 질문을 통제한다. ⑧~⑩의 질문들은 화자와 남편의 상황에 대한 설명으로 이어져, 독자는 남편의 기행(奇行) 내력을 소상하게 듣게 된다.

이상에서 살핀 세 가지 형식의 문장들이 대화상황을 유지하는 데 쓰이는 이유는, 그 표현들이 모두 친교기능을 지니고 있는 언어들이기 때문이다. 언어의 친교기능은 전화 통화시의

'여보세요'처럼 두 화자의 대화 통로를 확인하는 기능을 말한다. 두 사람을 상정한 대화를 한 사람의 독백으로 표현하기 위해서는 상대방과의 접촉을 드러내는 언어의 친교기능을 활용해야 한다. 한 사람의 계속되는 말은 논리적 일관성을 유지할 수는 있으나, 대화자와의 상호작용이 사라져 지루한 독백으로 들리기 쉽다. 그렇다고 상대방과 활발하게 말을 주고받는 형식으로 바꾸면, 이질적인 요소가 생겨날 수 있어 초점이 흐트러질 수 있다. 따라서 두 가지 함정을 모두 비켜가기 위해서는 언어의 친교기능을 확인하는 위의 인용문과 같은 표현들이 필수적이다.

그러나 이와 같은 기법을 사용할 경우, 역으로 대화 상대방의 목소리는 은폐된다. 대화를 나누는 상대방이 있다는 것은 분명히 알 수 있지만, 상대방의 목소리는 오로지 화자를 통해서만 전달되기 때문이다. 그 결과 대화는, 독백이자 대화라는 이중성을 띠게 된다.

'대화의 독백화, 독백의 대화화'로 요약될 수 있는 이러한 형식은 「소망」에서 빈번히 나타나는 수사의문문의 활용에서도 확인할 수 있다. 수사의문문은 화자의 말을 듣고 있는 상대방을 가정하고 있기 때문이다. 그러므로 수사의문문은 독백을 대화로 만드는 편리한 수법이라고 할 수 있다.

이 소설에서 수사의문문의 역할은 이에 그치지 않는다. 화자인 여인이 그녀의 언니를 찾아간 이유는 남편의 기괴한 행동 때문이었다. 여인은 필시 남편이 정신이상이라고 판단하고,

의사를 남편으로 둔 언니를 찾아온 것이다. 그러므로 그녀로
서는 언니에게 자신의 판단을 설득시키는 것이 가장 시급하
다. 그녀는 언니와의 대화 속에서 끊임없이 자신의 판단이 옳
다는 것을 과거의 여러 사실을 들어 설명하고 언니의 동의를
구한다. 이 소설에서 수사의문문이 그토록 많이 쓰이는 것은
이런 이유에서이다.

그러나 이런 노력에도 불구하고 화자의 의도는 좌절되고
만다. 화자는 대화상황을 유지하기 위해 여러 기법을 동원했
지만, 여전히 그것은 대화가 아니라 독백일 뿐이다. 소설의 마
지막 부분에는 이러한 좌절의 흔적이 드러나 있다.

다못 그이가 정말루 못쓰게 신경 고쟁이 생겼느냐, 요행
일시적이냐. 만약에 중한 고장이라면은 어떻게 해야만 그걸
나수어주겠느냐, 이것뿐이지 그밖에는 아무 것두 내가 참견
할 게 아니야. 날더러 그이를 이해를 못한다구? 딴전을 보구
있네! 그게 어디 이해를 못허는 거유?

살펴 본 것처럼 「치숙」과 「소망」은 대화상황을 가정하고
있을 뿐이지, 실은 화자의 독백에 불과하기 때문에 의사소통
은 불가능하다. 이 '의사소통불가능성'에 의해서 두 작품에서
웃음이 유발된다. 독백인데도 자신의 판단이 옳다는 것을 주
장하기 위해 대화를 가장하려 애쓰는 모습은, 그 내용을 고려
하지 않더라도 이미 우스운 것이 아닐 수 없다. 여기에 두 인

물의 어리석음이 그들의 말을 통해 드러나면서 그들은 풍자의 대상이 된다.

냉소의 경우 : 「레디메이드 인생」「명일」

채만식의 풍자소설로 분류된 작품들 가운데 지식인이 등장하는 대표적인 소설로는 「레디메이드 인생」「명일」 등이 있다. 그런데 이들 작품에서는 앞서의 작품들과는 달리 풍자 대상의 일관성이 결여되어 있다. 풍자는 풍자가가 풍자 대상에 대해 도덕적 우위를 확보하고 있을 때 가능하다. 도덕적 우위를 확보하고 있어야만 풍자가는 선악의 구별에 주저하지 않게 되고, 선을 긍정하고 악을 징벌하는 데까지 나아가게 된다.

그러나 풍자가가 도덕적으로 우월한 위치를 지나치게 고집하거나 우월한 위치를 확보하지 못하게 되면 선악의 경계는 사라지고 모든 것이 부정의 대상이 된다. '풍자'는 사라지고 웃음의 극단적 형태인 냉소가 자리 잡는다. 냉소에 이르면 작가는 여유를 상실하고 더 공격적이 되며, 전망 제시보다는 비난에 열중한다. 긍정적인 암시는 찾기 어렵고, 선·악의 경계가 모호해져 가치판단이 불가능해진다. 이와 같은 관점에서 볼 때 「레디메이드 인생」과 「명일」에 나타난 웃음은 풍자보다는 냉소에 가깝다.

재등(齋藤) 총독이 문화정치의 간판을 내어걸고 골골이

학교를 증설하였다. 보통학교의 교장이 감발을 하고 촌으로 돌아다니며 입학을 권유하였다. 생도에게는 월사금을 받기는커녕 교과서와 학용품을 대어주었다. 민간의 유지는 돈을 걷어 학교를 세웠다. 민립대학도 생기려다가 말았었다. 청년회에서 야학을 설시하였다. 갈돕회가 생겨 갈돕만주 외우는 소리가 서울의 신풍경을 이루었고 일반은 고학생을 존경하였다. 여학생이라는 새 숙어가 생기고 신여성이라는 새 여인이 생기어 났다. 이와 같이 조선의 관민이 일치되어 민중의 지식 정도를 높이는 데 전력을 하였다. 즉 그들 관민이 일치하여 계획한 조선의 문화정도는 급속도로 높아갔다.(『채만식문학전집 7』, 창작과 비평사, 1989, pp.52~53.)

인용한 부분은 「레디메이드 인생」의 한 구절인데, P의 생각인지 서술자의 생각인지 알 수 없게 처리되어 있다. 서술자는 '문화정치'라는 간판 아래 진행된 재등 총독의 정치에 의해 조선의 문화정도가 급속도로 높아지고 있다고 설명한다. 그러나 이어지는 서술에서는 문화정치로 인해 이익을 본 것이 일부 계층에 한정되었다고 꼬집고 있다. 문화정치는 노동자 농민에게는 오히려 짐이 되었고, 인텔리들을 실업자로 전락시켰다. 인텔리들은 "꼬임을 받아 나무에 올라갔다가 흔들리는 셈"이고 "개밥의 도토리", "무기력한 문화 예비군 속에서 푸른 한숨만 쉬는 초상집의 주인 없는 개들"이며, "레디메이드 인생"이라는 것이다. 작가는 인텔리들의 처지를 피상적으로 비난하는 것이 아니라, 지식인들을 사회 부적응자로 만들어 버린 사정을 조목조목 따져가며 사회제도를 공격하고 있다.

그렇다고 작가가 지식인이나 주인공 P를 긍정하는 것도 아니다. 오히려 작가는 P와 그의 친구들이 취하는 속물적인 행동을 폭로하고 공격한다. 가난에 쪼들리는데도 P는 취직을 시들하게 여기며 "좀 더 남의 눈에 띄며 좀 더 재미있고 그리고 자유로운 생활"을 공상할 뿐이다. 뿐만 아니라 P는 한 푼이라도 아껴야 할 형편이면서도 "공연한 객기를 부리느라고" 비싼 담배를 사고, 지나가는 여자를 훔쳐보며 에로틱한 공상에 젖는다. P의 친구 M과 H도 마찬가지다. 그들은 당장 끼니를 걱정하면서도 책을 팔아 술을 먹고 매춘을 습관으로 여긴다.

이 작품에서는 인텔리든, 인텔리들을 양산한 사회제도든 모두 부정의 대상이 되고 있다. 원인도 결과도 모두 부정의 대상일 뿐이라면 선악의 구분은 모호해지게 된다. 그러므로 이 작품에 나타난 웃음은 풍자보다는 냉소의 성격이 뚜렷하다고 할 수 있다. 작가는 P의 입을 빌어, 모든 도덕이 해체된 상황을 현실이 그렇다며 냉소한다.

지금 세상은 정당한 성도덕이 서서 있는 때도 아니다. 그것은 한 세대에 여러 가지의 시대사조가 얼크러져 있는 때문이다. 그러니까 여자의 정조에 대하여도 일률적으로 선악과 시비를 가릴 수는 없는 것이다. (중략) 예수의 사랑(?)도 아무리 그 사랑이 크고 넓다 했을지언정 그것은 '불쌍한 사

람', '죄지은 사람'에게 미칠 수 있는 것이다. '불쌍하지 아
니한', '죄짓지 아니한' 동관의 색주가 계집에게는 누구의
동정이나 사랑도 일없는 것이다.

　"뭣? 관념적이라고?"

　그렇다. 관념적이라도 할 수 없다. 그러나 그것은 그 여
자의 주관을 객관화한 것이다. 그러니까 그것은 한 엄연한
현실이다.(「레디메이드 인생」, 위의 책, p.71.)

　「명일」에는 대학을 졸업한 한 젊은 무직자 범수의 구차스
런 삶이 묘사되어 있다. 그는 땅을 팔아 대학은 나왔지만 끼니
를 제대로 잇지 못할 만큼 굶주리게 살아가고 있다. 그러한 상
황에서도 불란서의 불룸을 수반으로 한 인민전선의 내각이 어
떻게 파업에 조처하는가를 궁금해 한다. 거리에 나와서 직장
에 다니는 친구를 만나지만, 그에게서 아무런 희망도 가능성
도 발견하지 못하고 오히려 도심(盜心)만 발동하게 된다. 비슷
한 시간에 그의 아이들은 굶주리다 못해 두부장수의 두부를
훔쳐 먹고 동네에서 망신을 당한다. 이 작품도 역시 아들 종수
를 서비스 공장에 취직시킨다는 역설적인 내용으로 끝난다.

　「명일」에 등장하는 범수 또한 자신의 비참한 처지를 세상
탓으로 돌린다. 이 작품에서는 이런 비뚤어진 세상에서 호의
호식하는 부류 또한 공격의 대상이 된다. 범수의 친구 P는
"남북촌 백화점의 식당과 찻집과 삘리아드 집과 빠와 요리집"
을 뱅뱅 도는 종로 한량이며, 장난 삼아 주식을 하고 "300원

이 도망가도 아깝지 않다"고 여기는 인물이다.

그러나 범수 또한 이들보다 도덕적으로 우월한 위치에 있지 않다. 범수는 금은상에서 금비녀를 훔칠 생각에 골몰하고, 친구 P의 옷에서 돈을 훔쳐내려고 고민한다. 당장 다음 끼니를 걱정해야만 하는 그로서는, 인텔리의 도덕적 자존심 따위란 그리 중요하지 않다. 오히려 거기에 집착하는 자신 때문에 괴로울 뿐이다. 그는 대학까지 16년이나 공부를 한 것이 "조그마한 금비녀 한 개 감쪽같이 숨기는 기술을 배우니만도 못하다"며 억울해 한다. 이렇게 지식인으로서의 자존심을 팽개친 범수지만 생계를 위해 막벌이꾼으로 나서지는 못한다. 그 이유가 참으로 궁색한데, 그는 '근력'이 모자라기 때문이라고 말한다. 범수는 「레디메이드 인생」의 P나 그 친구들에 비하면 좀 더 현실적인 인물이지만 도덕적인 인간은 아니다.

「레디메이드 인생」과 마찬가지로 「명일」 또한 비난의 일관성을 잃고 양비론으로 흐르고 있다. 앞서 다룬 작품들이 부분 부정에 그친 데 비해, 「레디메이드 인생」과 「명일」에서는 충돌하고 대립하는 요소들을 모두 비판함으로써 전면부정으로 나아간다. 풍자가 선악의 경계가 뚜렷하다는 점을 상기한다면, 선악의 판단이 불분명한 두 작품에 나타난 웃음은 냉소로 이해되어야 할 것이다. 이렇게 강한 냉소가 강하게 드러나고 있는 것은, 두 작품이 작가와 심리적 거리가 비교적 가까운 지식인을 다루고 있기 때문인 것으로 보인다. 자신이나 자신이 속한 집단을 문제 삼을 경우, 자조의 경향이 앞서고, 자조는 냉소로 이어지기 쉽기 때문이다. 또 이는 앞서 언급한 '도피적 씨니씨즘'이 작품에 반영된 결과라고도 할 수 있을 것이다.

살펴 본 것처럼, 이상과 채만식의 문학은 웃음이 담긴 넌센스의 언어를 통해 에로 그로에 탐닉하는 당대의 세태를 날카롭게 비판하고 있다. 이상이 주로 언어의 시각화를 통해 웃음을 창조하고 있는 반면, 채만식은 주로 청각을 자극하는 전통적 방식에 기대어 웃음을 이끌어내고 있다. 이는 시와 소설이라는 장르상 차이에서 비롯된 것으로서, 문학이 웃음을 창조할 수 있는 두 가지 방식에 대한 이정표라 할 수 있다.

주

1) 후지메 유키, 김경자·윤경원 옮김, 『성의 역사학: 근대국가는 성을 어떻게 관리하는가』, 삼인, 2004. 이하 일본의 '에로 그로 넌센스'에 대한 자료는 이 책에서 인용한 것이다.

2) 이하 라디오 방송과 관련된 내용은 『이야기 방송사』(이수내, 씨앗을 뿌리는 사람, 1999)를 참고했다.

3) '만담'이란 명칭이 1930년대 초반 일본에서 사용한 명칭을 들여온 것이며, 일본의 전통 희극 공연물인 라쿠고[落語]나 만자이[漫才]의 영향을 받은 것이라는 주장도 있다.(신불출, 「웅변과 만담」, 『삼천리』, 1935년, 6월호) 그러나 조선시대의 희극 공연물과 재담, 만담의 영향 관계를 살펴볼 때, '만담'은 우리에게도 있었던 희극 공연물의 전통이 변형된 형태라고 보아야 할 것이다(사진실, 「한국연극의 話劇的 전통 고찰」, 『한국극예술연구』, 1집, 1991; 김재석, 「1930년대 유성기음반의 촌극 연구」, 『한국극예술연구』, 2집, 1992).

4) '才談'은 '웃기는 말'이라는 의미로 무속이나 가면극, 판소리 등에 들어 있는 우스운 이야기를 총칭하는 개념이기도 하고 (반재식, 『才談千年史』, 백중당, 2000, p.12), 1900년대 이후 극장 무대에 올려진 희극 공연물의 명칭이기도 하다.

5) 레나테 라흐만, 「축제와 민중문화」, 『바흐친과 문화이론』, 문학과지성사, 1995, pp.60~61; Gerhard M. Martin, 김문환 옮김, 『축제와 일상』, 한국신학연구소, 1985, pp.31~33.

6) 이하 카페와 관련된 사항은 김연희의 「일제하 경성지역 카페의 도시문화적 특성」(서울시립대학교 석사학위논문, 2001)을, 여급과 관련된 사항은 서지영의 「식민지 시대 카페 여급 연구─여급잡지 『女聲』을 중심으로」(『한국여성학』, 제19권3호, 2003)를 참조하였다.

7) 박로아, 「카페의 情調」, 『별건곤』, 1929년, 9월호.

8) 이 당시 소화의 내용을 살펴보면 외극인이 등장하는 소화가 많다. 이는 당시 많은 소화가 외국 서적에서 발췌한 것들이라는 사정 때문인 것으로 보인다. 1930년대에는 외국의 소화류만을 모은 단행본이 출판되기도 했다(「세계소화집」광고,

『삼천리』, 1936년, 2월호).

9) 1930년대에는 '유모어소설'이나 '탐정소설' 등과 같이 독자들이 많이 읽을 수 있는 소설 유형 개발에 힘썼다(조남현, 『한국현대소설 유형론 연구』, 집문당, 1999, pp.129~131). 『별건곤』에도 1932년부터 '유모어소설'이 등장하기 시작한다. 그러나 '넌센스소설'이라는 명칭은 쓰이지 않은 것으로 보아 '넌센스'와 '유모어'의 용법에는 차이가 있었던 것으로 보인다.

10) 반재식, 『漫談百年史』, 백중당, 2000.

11) 웃음을 엄밀한 기준에 따라 분류하기는 어렵다. 그러나 대략 웃음은 그 속성상 따뜻하고 순수하며 맹목적인 웃음과 차갑고 고통스러우며 의도적인 웃음이라는 두 가지로 구분할 수 있다. 이러한 기준에 따르면 풍자는 혐오에 가까운 차갑고 공격적인 웃음이고, 유머나 넌센스 등은 따뜻하고 맹목적인 웃음에 속한다(Salvatore Attardo, *Linguistic Theories of Humor*, New York: Mouton de Gruyter, 1994, p.10).

12) 류보선은 이상의 형식 파괴, 언어 유희, 대상 간의 유사성을 거의 찾아보기 힘든 은유, 아이러니, 역설 등등은 모두 '번영하는 위선의 문명을 향해서 던진 메마른 찬 웃음'의 실천물이라고 지적한 바 있다(류보선, 「시니시즘의 이율배반」, 『문학동네』, 1998년, 여름호). 그러나 1930년대 그러한 웃음은 이상만의 전유물은 아니었다.

13) 당시 종로 네거리에 가장 먼저 생긴 카페의 이름이 '락원'이었는데, 사람들은 영어식으로 '파라다이스'라고도 불렀다.

14) Arthur Pollard, 송낙헌 옮김, 『풍자』, 서울대 출판부, 1978, p.106.

15) 이 소설에서 현재로 제시되고 있는 공간에서 이루어지는 대화를 말한다. 소설의 말미로 가면 화자와 화자의 남편이 나눈 과거의 대화가 일부 삽입되어 있다.

참고문헌

<기본자료>

『별건곤』, 『신동아』, 『삼천리』, 『혜성』, 『비판』, 『실생활』.

이승훈 엮음, 『李箱 문학전집』, 문학사상사, 1989.

『채만식 전집』, 창작과비평사, 1989.

<단행본>

김광해·윤여탁·김만수, 『일제 강점기 대중가요 연구』, 박이정,
    1999.

반재식, 『漫談百年史』, 백중당, 2000.

_____, 『才談千年史』, 백중당, 2000.

박찬호, 안동림 옮김, 『한국가요사』, 현암사, 1992.

사진실, 『한국연극사 연구』, 태학사, 1997.

신범순, 『한국 현대시의 퇴폐와 작은 주체』, 신구문화사, 1998.

이내수, 『이야기 방송사』, 씨앗을 뿌리는 사람, 1999.

조남현, 『한국 현대소설 유형론 연구』, 집문당, 1999.

Attardo, Salvatore, *Linguistic Theories of Humor*, New York: Mouton de
    Gruyter, 1994.

Bergson, Henri, 정연복 옮김, 『웃음』, 세계사, 1992.

Frye, N., 임철규 옮김, 『비평의 해부』, 한길사, 2000.

Jakobson, Roman, 신문수 옮김, 『문학속의 언어학』, 문학과지성
    사, 1989.

Lachmann, Renate, 여홍상 옮김, 「축제와 민중문화」, 『바흐친과
    문화이론』, 문학과지성사, 1995.

Mcluhan, Marshall, 박정규 옮김, 『미디어의 이해』, 커뮤니케이션
    북스, 1997

Ong, Walter J., 이기우·임명진 옮김, 『구술문화와 문자문화』, 문

예출판사, 1995.

Paulson, Ronald, 김옥수 옮김, 『풍자문학론』, 지평, 1992.

Pollard, Arthur, 송낙헌 옮김, 『풍자』, 서울대 출판부, 1978.

후지메 유키, 김경자·윤경원 옮김, 『성의 역사학』, 삼인, 2004.

<논문>

김연희, 「일제하 경성지역 카페의 도시문화적 특성」, 서울시립대학교 석사학위논문, 2001.

류보선, 「시니시즘의 이율배반」, 『문학동네』, 1998년, 여름호.

배연형, 「일축 조선 소리반 연구1」, 『한국음반학』, 창간호, 1991.

사진실, 「한국연극의 話劇的 전통 고찰」, 『한국극예술연구』, 1집, 1991.

서지영, 「식민지 시대 카페 여급 연구-여급잡지 『女聲』을 중심으로」, 『한국여성학』, 제19권3호, 2003.

신범순, 「주요한의 '불놀이'와 축제 속의 우울」, 『시작』, 2002년, 겨울.

_____, 「문학의 언어에서 가면과 축제」, 『언어와 인간』, 국학자료원, 2003.

에로 그로 넌센스 근대적 자극의 탄생

초판발행 2005년 1월 30일 | 2쇄발행 2007년 3월 15일
지은이 소래섭
펴낸이 심만수 | 펴낸곳 (주)살림출판사
출판등록 1989년 11월 1일 제9-210호

주소 413-756 경기도 파주시 교하읍 문발리 파주출판도시 522-2
전화번호 영업·(031)955-1350 기획편집·(031)955-1357
팩스 (031)955-1355
이메일 salleem@chol.com
홈페이지 http://www.sallimbooks.com

ISBN 89-522-0334-8 04080
     89-522-0096-9 04080 (세트)

값 3,300원